李胜军 ◎ 著

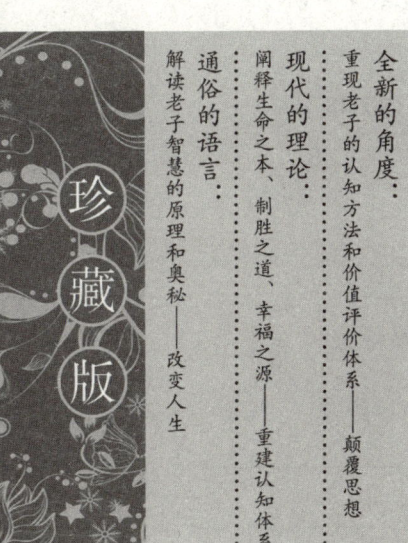

珍藏版

全新的角度：
重现老子的认知方法和价值评价体系——颠覆思想

现代的理论：
阐释生命之本、制胜之道、幸福之源——重建认知体系

通俗的语言：
解读老子智慧的原理和奥秘——改变人生

LAO ZI XIN SHENG

老子新声

精到的处世策略
辩证的思维方法

北京燕山出版社
BEIJING YANSHAN PRESS

图书在版编目（CIP）数据

老子新声 / 李胜军著 . — 北京：北京燕山出版社，2015.8

ISBN 978-7-5402-3926-8

Ⅰ . ①老… Ⅱ . ①李… Ⅲ . ①道家②《道德经》- 研究 Ⅳ . ① B223.15

中国版本图书馆 CIP 数据核字（2015）第 180648 号

老子新声

作　　者：	李胜军
责任编辑：	王月佳　常思薇
封面设计：	点击成金
出版发行：	北京燕山出版社
社　　址：	北京市宣武区陶然亭路 53 号
邮　　编：	100054
电话传真：	010-65240430（总编室）
印　　刷：	廊坊市海涛印刷有限公司
开　　本：	720 × 1020　　1/16
字　　数：	200 千字
印　　张：	12.25
版　　次：	2015 年 8 月　第 1 版
印　　次：	2015 年 8 月　第 1 次印刷
定　　价：	32.00 元

版权所有　侵权必究

PREFACE 前言

　　《老子》是中国传统文化的经典著作之一，其内涵博大精深，古今中外学者解读者甚多，各家"老子"呈现出不同的面相。但对于《老子》的本意，至今无人能给予全面、正确、唯一、权威的解读，这也正是《老子》的魅力所在。

　　早期，本人把南怀谨、曾士强等大师对《老子》的解读文章作为学习《老子》的启蒙教材，受益匪浅，不仅初步认识了老子的主体思想，更有益的是通过大师的思想构建了自我认知中国传统文化的体系框架。受个人学业水平和工作性质所限，本人不能从学术专业角度对儒释道三家思想进行深刻的研读，只是从普通百姓角度思考如何以中国传统文化精髓指导个人工作和生活，以期多一些成功，少一点挫折，多一些幸福，少一点苦难。可以说是以功利之心研习传统文化。读《老子》原文之初，备感晦涩，后来读得越多，困惑也越多，对老子的"玄之又玄，众妙之门"没有丝毫感悟，却对孔子的"学而不思则罔，思而不学则殆"有了切身的体会。其间主要有五大困惑：困惑之一，对圣智、仁义、巧利的认识，不知为何要"弃绝"；困惑之二，"为学日益，为道日损"，不知其"益"，不明其"损"；困惑之三，"其出弥远，其知弥少"，不知因何而少；困惑之四，"无""有"放在全文第一章，不知有何深意；困惑之五，老子说，"吾道甚易知，甚易行"，为什么都说《老子》深奥难懂？

　　"通则不痛，痛则不通"，有困惑必有障碍，是什么障碍迷惑了我的心智？后来热衷寻找各家解读，以求得解心安，但终不能如意。我对所接触的各家解读总体上有两种感受：其一，以历史名人故事验证老子智慧，以儒家思想解释老子思想；其二，以儒家思想混杂着禅宗开悟对《老子》进行解读。总而言之，是以自己之认识来解读老子之思想，现行大多数解读《老子》的文章和书籍，其思想认识没有脱离儒、佛两家的约束，是儒家的老子或是佛家的老子，这好比以华氏温度值来评价摄氏温度的感受。所以本人以为，对《老子》的困惑不是在逻辑和文法上，而是在认识方法和价值体系上，这也是至今较少有人能接近老子的本意对《老子》进行解读的原因所在。所以本人如同发现新大陆一样喜悦，妄图对《老子》进行一家解读。

由于本人生活于社会基层，并非汉语言和哲学专业学院派的研究学者，解读《老子》就好比下里巴人谈论阳春白雪，所以平时不敢轻易示人，怕人"大笑之"。一次偶然的闲侃，谈及社会、论及老子，有人说我"基层小官吏，天下大情怀"，内心受用之余，信心倍增，闲暇中写点对《老子》的读后感，可以说是任性而写，部分思想可能异于常人所理解，所以妄称《老子新声》，旨在为人们提供另一条解读《老子》的新思路。敢言其为新思路，主要基于以下几点：

第一，以"自由、发展、和谐"的思想理念解读《老子》。"自由、发展、和谐"是社会共同的认识，各哲学学派、各家宗教无论理论有何分歧，此三者可以说是各家共识，是各学术思想的交集所在。《老子》通篇贯穿着自由、发展、和谐的思想，自由是个体的自由，发展是共同的发展，和谐是各方面关系的和谐。"生之畜之，生而不有，为而不恃，长而不宰，是谓玄德"，不仅是人的最高品德，更是对自由和发展的原始解释。现代对"自由"是以自我不受阻碍和限制为基础进行定义的，而老子的"自由"观是以对他人的发展不加阻碍和限制为基础的，所以老子的"自由"才是真正的自由，才是自由的本质。"生之畜之，生而不有，为而不恃，长而不宰"正是对自由、发展的最好的，也是最本质的解释。

第二，把《老子》作为一种认知学来解读。老子之"道"是从"无""有"两元角度来认识人和事物的方法，其实是阴和阳的另一种说法，其角度只在"无、有"，目的只在寻找万物发展规律而"抱一"，发现事物的归宿而知"根"守"静"，以此为基点建立了对事物认知和评价的知识体系，提出了"无为""无争"等指导社会实践的基本理论。与老子的认知学相对应，现代自然科学是一种传统的认知方法，以自然科学方法认识事物，大到事物的组成、结构、材质、状态，小到分子、原子、化学结构。老子称这种认识方法为"学"，"为学日益"，其结果是越学越多，学科分类也越来越复杂。

第三，把《老子》绝弃"仁义"思想作为一种价值评价体系来认识。"绝圣弃智，民利百倍；绝仁弃义，民复孝慈；绝巧弃利，盗贼无有"不是对圣智、仁义的否定，而是对以圣智、仁义为评价结果的否定，否定的是"圣智、仁义"背后以利益为参照点的社会评价体系。老子之"道"与儒家传统思想区别的关键点是评价体系参照物和参照点的不同。其他各类思想学派研究的主要对象是人，除《老子》和佛家思想以外，现代流行的思想学派主要以人为中心，以人的利益取向为价值判断标准。而老子之"道"是以规律为中心，以人的发展是否符合人的发展规律为标准。佛家摆脱了以人为中心研究人的方法，思想也上升到万物归宿的层面，但中国佛教受儒家思想影响较大，过多地关注了人的利益，佛家的禅宗对事物的认识受老子"道"的思想影响，部分思想与《老子》本意最接近。

第四，将《老子》一书的结构按九个单元划分来解读。据传，现代通行版本前三十七章是《道篇》，后四十四章为《德篇》，共八十一章。本人发现每九章可归为一个单元，全文九个单元，暗合九九归一之意。每个单元突出一个主题，九大主题几乎涉及人生和社会关系的所有问题。

本书无意再次证明老子智慧的伟大，所以没有列举古往今来的成功和得失等例证，而以阐释老子智慧的原理为侧重。老子智慧是大智慧，知其然更要知其所以然是本人本意，受个人理论水平和知识水平所限，有失偏颇之处敬请理解。

不论如何解读都难以复原老子本意，希望本书能为部分读者提供一种新的思路，从而能够更加靠近《老子》，并受其益。

作　者

2015 年 6 月 18 日

老子新声

CONTENTS 目录

PREFACE
前言

FIRST UNIT
道的概论

第一章　事物的认知 \ 002

第二章　认识评价的误区 \ 006

第三章　影响人类社会发展变化的主导因素 \ 010

第四章　道的特点和作用 \ 013

第五章　遵从"道"的基本原则 \ 016

第六章　道是万物之根 \ 018

第七章　道的价值 \ 019

第八章　符合道的思想行为标准 \ 021

第九章　个体思想行为的极限性和发展变化的阶段性 \ 023

UNIT SECOND
人的认识观

第十章　真正的人、纯粹的人 \ 026

第十一章　"有"和"无"的关系 \ 029

第十二章　本体之本 \ 031

第十三章　人在社会关系中的位置和状态 \ 033

第十四章　悟道的路径 \ 036

第十五章　"道"者的思想行为理念 \ 038

第十六章　事物发展的终极归宿 \ 041

第十七章　社会管理的评价 \ 043

第十八章　"道"缺失后的社会形态 \ 046

UNIT THIRD
道的评价体系

第十九章　以利益取向为坐标的社会评价体系 \ 050

第二十章　价值体系失准下的个人选择 \ 055

第二十一章　道的特性和价值 \ 057

第二十二章　应对复杂的社会变化 \ 059

第二十三章　维系关系的根本要素 \ 061

第二十四章　在道者的思想行为准则 \ 063

第二十五章　道的来头 \ 065

第二十六章　事物的内在根本 \ 067

第二十七章　外在的认定标准 \ 069

UNIT FOURTH
社会管理学概要

第二十八章　领导者的基本素养 \ 072

第二十九—三十一章　天下管理权之争 \ 074

第三十二章　岗位管理 \ 077

第三十三章　个人基本素养 \ 079

第三十四章　合格的管理 \ 081

第三十五章　大道简易 \ 083

第三十六章　管理的秘诀 \ 085

UNIT FIFTH
生的内涵

第三十七章　本色的自我、本色的世界 \ 088

第三十八章　约束人际关系的要素 \ 090

第三十九章　各守其道 \ 093

第四十章　生存本质的内在原理 \ 095

第四十一章　检验规律的标准 \ 097

第四十二章　万物发展的原理 \ 099

第四十三章　生命力的实质 \ 101

第四十四章　人的生存相关要素 \ 104

第四十五章　表象与本质 \ 106

UNIT SIXTH
"福"的源泉之认知境界

第四十六章　避免灾祸 \ 109

第四十七章　把握未来 \ 111

第四十八章　正确地认知 \ 113

第四十九章　待人接物的心态 \ 115

第五十章　端正生死观念 \ 117

第五十一章　正确认识"功成" \ 119

第五十二章　固守根本 \ 121

第五十三章　追求本质的过程比结果更重要 \ 123

第五十四章　功德心 \ 125

UNIT SEVENTH
"福"的源泉之自我修养

第五十五章　修"德"于内 \ 128

第五十六章　"玄同"内外 \ 130

第五十七章　"无"以处事 \ 132

第五十八章　做人要"正" \ 134

第五十九章　生产和消费的原则 \ 136

第六十章　内部关系的处理 \ 138

第六十一章　对外关系的处置 \ 140

第六十二章　心想事成 \ 142

第六十三章　万事如意 \ 143

UNIT EIGHTH
制"胜"之道

第六十四章　顺其自然的发展意识 \ 145

第六十五章　统一思想的目标管理 \ 148

第六十六章　虚实之间的交换法则 \ 150
第六十七章　行"道"的简易规程 \ 152
第六十八章　无敌者无敌的胜战法则 \ 155
第六十九章　对抗相持的精神胜利法 \ 157
第七十章　行道者贵 \ 159
第七十一章　自知之明 \ 161
第七十二章　自爱之贵 \ 162

UNIT NINTE
疑难问题与发展的归宿

第七十三章　如何处理超出人们认识范围的问题 \ 165
第七十四章　事物发展变化中出现变异和管理空白的处置 \ 167
第七十五章　忌损人利己 \ 169
第七十六章　正确认识强弱的本质 \ 171
第七十七章　"天道"与"人道"的区别 \ 172
第七十八章　本质与表象的关系 \ 174
第七十九章　人际关系恶化的处理 \ 176
第八十章　老子的理想国 \ 177
第八十一章　从利益观的角度对"道"的总结 \ 178

POSTSCRIPT
后记

老子新声

FIRST UNIT
道的概论

  人们认识一个事物,通常会考虑三个方面的内容:一是从哪几个方面看事物,也就是事物的组成和结构;二是事物的功能和利用价值;三是事物的发展趋势和走向,也可以理解为规律。如何正确认识和把握事物和人的发展规律?老子之"道"提供了答案。

  《老子》是一门研究如何认识事物和人的学问,集哲学、心理学、社会学等多个学科之精华,以中国传统的阴阳理论和"无""有"两元论为基础的认识方法。《老子》的认识论以"无""有"两元论为基础,主要研究三个方面的内容:一是事物和人的本体元素,老子称之为"有";二是决定事物和人的功能和价值的元素,老子称之为"无";三是人与人之间的关系。"无"和"有"两元影响人的思想、意识、行为和社会关系,决定社会发展状态和生存环境,从而支配事物和人的发展。

  本单元内容主要讲述"道"的基本概念和原理。

第一章

事物的认知

道可道,非常道。名可名,非常名。无,名天地之始。有,名万物之母。故常无,欲以观其妙。常有,欲以观其徼。此两者,同出而异名,同谓之玄。玄之又玄,众妙之门。

导读:

人类的生产、生活过程就是人与人、人与各种事物之间发生关系的过程。怎样认识人,如何认识事物?从哪个角度、用哪种方法来认识人和事物才是最符合本质的呢?通常有两种:一种是从事物的自然状态角度,也就是现代所说的自然科学学派从物理、化学、数学的角度来认识事物,发现事物的组成、结构、变化条件以及功能和用途等;另一种是从与人的关系的角度,也就是现代所说的人文科学的角度,涉及哲学、心理学以及宗教学等。方法和路径没有对错之分,看到的都是事物本质的内容,有的只是本质的一部分、一个侧面,并没有窥透事物的全貌。

有没有一种方法可以窥透事物的全貌呢?读完了《老子》之后,每个人可能会有一个答案。事物的发展是永恒的,是有规律性、有阶段性的,在一定的阶段里,人的认识和作用力是有极限的,能透窥事物在一个阶段的表象和特点也是非常难能可贵的。

"道",到底是什么?"道"是一门如何认知事物的学问。

解读:

"道"不是大家通常理解的道理的"道",也不是道路的"道"。"道"虽然是个名字也是个称谓,可不仅仅是名字和称谓那么简单,其内涵很丰富,不是一两句话就能说明白的，更不能从字面上去理解它的含义。

如何理解"道"呢？其实老子的"道"就是认知事物的一种方法。从"道"的理论上讲，任何事物的组成都包含两个重要元素："无"和"有"。

为了帮助人们理解"无"和"有"的真实含义，老子说：无，可以理解为天地的起源，是关系事物起源的东西——"以观其妙"，暂时取个名字叫作"无"；有，姑且理解为生发万物的母体，也指事物的本体，是关系事物的形态、所处状态的东西——"以观其徼"，暂时取个名字叫作"有"。

所以从道的理论讲，任何事物都是由两部分组成：无和有，"无，以观其妙；有，以观其徼"。

"妙"，用以说明"无"决定了事物发展变化的方向以及决定事物的功能。老子以后的佛学提出的"妙有"，其实是在此基础上的延伸。

"徼"，原指水流的计量单位，在此借用说明"有"具有计量、揭示事物物理本质和结构组成的作用。

有人从宇宙起源的角度来理解"天地之始"，在这里我们暂且不论。《老子》的内容重点是认识事物和人，所以我们要从认识的角度来理解"无"和"有"。

"无"，决定事物性质的元素。例如：人为什么是人，物为什么是物，小猫为什么是小猫。现在我们知道物种间的本质区别是基因决定的，据说人与鼠的基因只有8%的差异，却是两个不同的物种。"无"有点类似基因的意思，但仅从基因的角度去理解"无"也不全面，在此只是做个比喻。"无"，侧重于事物的内在机制和内部原理，是决定事物性质、功能的重要一元。

"有"，"万物之母"，也就是事物的本体、母体，本体与外界事物发生关系后会产生很多与本体生存息息相关的衍生物，老子称这些衍生物为"子"。"母"，千万不要从字面上理解为万物的母亲。人的母体、本体就是人的生命之躯，也就是活着的这个皮囊肉袋。

"有"，侧重于事物的形状、组织、结构等外在特征，是决定事物的形态和状态的另一元。

"同出而异名"，是说明"无""有"是决定事物内涵与外形的两元，相互依存，相互影响，相互作用。"无"和"有"任何一元的消失和变化决定了事物的存亡和变化。只有弄清楚"无"和"有"的真正内涵才能步入认识万物的大门。

这一章节，对研究老子非常重要，"无"和"有"的内容、内涵，"无"和"有"

之间的关系，"无"和"有"对事物性质、功能、作用的原理，是"道"的主要内容。老子关于"道"的主要论点都是基于"无"和"有"的性质和关系展开的。所以，学习"道"首先要认识"有"和"无"。

阴和阳是中国传统哲学认识和分析事物的方法，老子的"无"和"有"实质上是阴阳的另一种说法。"有"和"无"是研究事物个体阴阳作用的专用名词，它区别于传统的阴阳学说和中医学的阴阳。

"门"，好理解，门里门外两个世界。认识了事物的"无"和"有"，就进入了认识事物发展规律的大门。

此后的80章节，老子从"无"和"有"支配事物发展的角度，讲解事物、人的发展变化趋势、特点，提出了认识和顺应事物变化、社会发展规律的思想态度和行为措施，指导人们正确处理人与人、人与社会的关系，以促进人的全面发展，实现社会的和谐稳定。这个过程是为"道"的过程，更是一门学问。只有认识了"无"和"有"，才能懂得"道"，顺应"道"。掌握了这个妙门，其乐无穷，受益无限！

在读本章节时有三个方面要注意。

一是对文章开篇的理解。千万别被开头"道可道，非常道。名可名，非常名"给绕晕了，很多人读《老子》开头第一句就被弄糊涂了，纠结于无、有之间不可出，极力想弄清无、有的关系。在似懂非懂之时，又让"玄之又玄"给予再次打击，忽视了老子的本意，即"有""无"乃认识万物发展奥妙之门，仅此而已！众妙，世界万物发展的根本原则。妙门，是认识事物之门，入其门，从其道。

二是对"玄"的理解。有些人在读《老子》时，经常被"玄"所困。"玄"，古代指编草绳，编草绳时要按照一定的规则不断地续草，"玄"字头上的那一点就是新续的草。老子用"玄"来帮助我们理解认识"道"的过程。"道"如编草绳一样，有两个要点：一要遵守编织的规则；二要把握续草的关键，续草的部位要把握好。这两点做到了，绳子才能有规律地不断加长和变化，越编越长，而且结实耐用。用"深奥"来解释"玄"字，意思有了，形象没有了，也容易把人弄晕了。学古文时，从古汉字的字面翻译成现代语言之后容易让人迷糊，从造字之初的本意来理解古汉语会更好。

三是如何读《老子》。读《老子》学道理，不是学古汉语，要常读，不要深求某一个字的含义，走上了考据的路子。学古文，不少人会走向汉字考据的路子，汉字考据学问大了深了，一旦陷进去，会被古今汉语的差异弄晕。据说读书有三个境界：一是娱乐性阅读，纯属打发时间；二是应试型读书，为了完成一个功利性目标而读，这是一个非常痛苦而享受的过程；三是学习型阅读，没有功利性，只是为了提升自己。其实《老子》就是一篇文章，有空读读，想看就看，别弄得太复杂、太功利了，我们现实中还有很多事情要做，大多数人也成不了古汉语方面的专家，还是不要走入考据的行列为好。虽然《老子》成书较早，但老子的传道授徒教育体系远远不如孔子，内容难以为众人所知。汉以后的读书人，基本被儒家垄断，所以后人初读《老子》常常从佛或儒的角度来解读，必然走入误区。

第二章

认识评价的误区

天下皆知美之为美，斯恶已。皆知善之为善，斯不善矣。
故有无相生，难易相成，长短相较，高下相倾，音声相和，前后相随。恒也。
是以圣人处无为之事，行不言之教，万物作焉而不辞。生而不有，为而不恃，功成而弗居。夫唯弗居，是以不去。

导读：
第一章讲述了要从"有"和"无"的角度来认知事物。这种认识方法与传统方法的区别在哪里？本章节指出，人们通常以"美""善"为结果来认识和评价事物，这种方法是"恶"的，是"不善"的。其原因是"为"，即这种方法中包含了人为主观因素。老子从"有无相生,恒也"的自然现象中总结出"恒也"，也就是"不可改变"的结论，指出不可改变就不要"为"，所以要"无为"，不要太主观。

解读：
从对比角度，用标杆法来看待事物，是人们普遍采用的认知和评价方法。人为设定一个标准，确定一个标杆对比物，在这种方法下，人们产生了美恶、善与不善、有无（这里指存在、不存在）、难易、高下、长短的分别意识，戴上了"自我意识"的有色眼镜看事物，其实人们仅仅看到了事物的外在表象。因为其中掺杂了个人主观意识，所以这种认知方法是"恶"的、"不善"的。

善、美是人们对与自己相关事物的评价，是自我内在标准的外在反应，属于人的主观思想意识范畴。

"天下皆知美之为美，斯恶已。皆知善之为善，斯不善矣"，不能理解为大家都认为事物是美的，这个事物就变成恶了。这两句话的本意应理解为人们都把美的事物当作美，把善的事物认作善，这是源自内心的对比观念，以是否符合自我利益和需求为标准，这种认识和观念就是恶念，就是不善之念。后来的禅宗把人的这种心态称为拣择，有拣择之心则不能见其本心。

"故有无相生，难易相成，长短相较，高下相倾，音声相和，前后相随。恒也。"

老子以平时人们熟知的"有无、难易、长短、高下、音声、前后"为例，说明事物发展变化方向的对立统一性，事物的"有"和"无"的两元相生共存，决定了事物发展的变化，变化的外在表现是对立的、统一的。这种特性是"恒也"，是永恒的，不因人为而改变，不能改变的就不要人为、主观地去干涉。

在事物对立统一的不变规律面前，人们要遵从这种规律。不仅要落实到做事、言行上，还要通过自己的言行，把遵从规律的思想认识教化到广大百姓以及子孙后代，这就是"行不言之教"。

老子把遵从事物发展规律的思想、行为称为"无为"。

中国有一个典型的因美而向恶变化的例子：古代以女人脚小为美，后来有了强制裹脚的"国粹"。老子认为，事物的真实面貌是客观存在的，如果强加以人为的意识区分"美、恶"，以人的喜好和对自己的利、害定位"善、恶"和"好、坏"，就会影响人们对事物本质的正确认识。所以，老子提出不要干涉事物发展规律，要"无为"。

值得注意的是，本章节提出了三个概念。

第一个概念——"圣人"。在《老子》一文里，圣人有两个方面的含义：一是占据经济和政治主导地位并且遵从道的社会统治阶层人士；二是当时社会主流人士中遵从"道"的人。在以后的章节里，老子还将提到另一个词"民"。圣人与民是相对而言的。民，是被统治者的统称。从现代管理的角度来讲，可以从管理者和被管理者两个层面理解"圣人"与"民"。

在老子的理论中，社会发展变化和社会风气的主导者是圣人，也就是统治阶层，广大普通百姓不具备引领社会风尚的作用力。所以，在以后的章节里，老子特别强调了"圣人"在认识事物和处理人与人之间关系过程中的主导作用。

现代企业管理已证明，企业文化受到企业初创时期主要领导风格的影响最大。

老子认为，影响社会风尚和价值观的是社会中占据政治、经济主导地位的人，解决所有的社会问题都要从政治和经济的主导群体中找原因、定措施。

第二个概念——"无为"。这是老子"道"的理论的重要内容之一。在本章节，基于事物发展变化的永恒规律，老子提出了"无为"思想——"生而不有，为而不恃，功成而弗居"。按照永恒不变的规律行事，行无为之道，其发展变化的结果是"夫唯弗居，是以不去"，这是无为之治的效果。无为之治的具体内容是什么？在以后的章节将逐层为我们解答清楚。

第三个概念——"无言"。言，指发表个人具有判断性的见解，直言相告之"言"。人们评价事物是"美"还是"丑"就是一种结论性见解，老子认为把事物孤立于环境之外，仅从一个角度做出结论性判断是不当的，所以"天下皆知美之为美，斯恶已"，这种主观、片面或肯定、否定地判定事物的评价方法是错误的。"言"还有法令、规章之意，后文将从管理的角度解释"无言"的含义。另外还有人将"无言之教"解释为："不以语言进行教化"，如此理解有失偏颇。

延伸：

一、个人对事物的认识。有无相生事物本性，长短高下本是自然，难易前后何须分别，丑恶美善有失公道，辨别拣择皆在人心。在老子以后，传入我国的佛教受老子和儒家思想影响，三合一地创建了禅宗。禅宗的不二法门和拣择心等对事物本性的思考受老子思想影响至深。有无相生与事物发展变化的永恒不变规律，影响了人们对事物与人的关系的认识：既然与我无关，我也不能改变的事物，我为什么还要强行去按我的意志去改变呢？所以，后人有的陡生出世之心，逃离复杂的社会关系，皆源于此。

二、老子对社会的认识。社会关系固然复杂，然而老子以阴阳二分和有无相生思想将复杂的社会关系界定为两个方面：一是圣人；二是民。社会关系状态的变化都是管理者与被管理者两个阶层相互作用的结果。如果把社会看作一个事物，从无和有两元来认识社会组成，那么"圣人"在道的认识论中属性为"无"，而"民"则属"有"。在以后的章节里，老子将为我们解读有和无的关系和作用原理。

三、圣人对社会发展的影响。人类的发展规律不是任何人能决定的，也不是任何人能阻挡的。但是，在老子看来，在一定时间内，人类发展的状态和社会主要关系状况受当时的"圣人",也就是社会统治阶层主要当权者影响最大,"圣人"在社会关系中起着主导、决定性的作用。从管理学的角度讲,主要管理者的思想行为和理念决定了当时社会发展的状态。所以,无为这一种社会管理思想是针对管理者而言的,是管理者应当遵守的思想理念。

四、老子关于"自由"的注解。自由是个体的自由,是个性需求和时代的主题。一般看法中:自由是一种免于恐惧、免于奴役、免于伤害和满足自身欲望、实现自我价值的舒适和谐的心理状态。自由既有为所欲为的权利又有不损害他人的责任、义务。传统理论关于自由的解释基点是:个人自我需求和社会规范对个体的约束。而老子指出"生而不有,为而不恃,功成而弗居",是从另一层面对"自由"进行的注解。其解释的基点是,个体行为对他人的影响。一个从自我角度定义,一个从对他人影响角度注解,后者更符合自由的本质。"自由"不是自我所欲,而是他人所予。

第三章

影响人类社会发展变化的主导因素

不尚贤，使民不争；不贵难得之货，使民不为盗；不见可欲，使民心不乱。是以圣人之治，虚其心，实其腹，弱其志，强其骨。常使民无知、无欲，使夫智者不敢为也。为无为，则无不治。

导读：

上一节，老子讲了人们认识、评价事物的误区在于掺杂了人为主观选择意识。本节，老子主要论述掺杂了人的主观意识的认识和评价对社会发展变化的不良影响。

自然世界的变化因为受人为因素干涉少，人们可以很容易地看到事物的变化状态、高下、大小、长短、黑白、冷热。人类社会是由人组成的本质，决定了人类社会的发展受人为因素的影响较大，其发展变化会脱离人类社会自然发展的轨道，走向误区和弯路，虽然各种弯路和误区不会影响最终的发展归宿，但是会影响到社会各群体的关系和社会状态。

本节指出，影响人类社会发展状态的主要人为因素有三个：一是尚贤；二是难得之货；三是欲望。

解读：

从上一节我们知道，影响人类社会变化的主要责任人是"圣人"，也就是社会主要管理层。老子提出了"圣人处无为之事，行不言之教"的论点，指出管理阶层不要以自我认识和喜好在思想上、行为上、措施上引导或强制被管理层。落实到具体的社会管理和生活中主要表现在三个方面：

一是不尚贤。就是不要人为强行树立社会价值模板。在普通人中打造价值模板的意义不大，在社会中不会产生明显的导向作用。在政治和经济主导人群中打造价值模板的导向性较强，但容易走向另一个极端，就是个人崇拜。

二是不贵难得之货。用现代的话来理解就是"炒"，炒房子、炒金子、炒股票，绿豆、大蒜、姜等也被炒过。现在看来好像没有不能炒的东西。

三是不见可欲。可以从两个方面理解：自己别看容易产生欲望的东西，也不要向人展示让人产生欲望的东西。

这三个方面做不到就是祸根，是产生罪恶和祸乱的根源。"不见难得之货"和"不见可欲"容易理解，"不尚贤"就难以理解了，在此我们不多解释，将在第十九章进行解读。

现实中人们最为担心的社会现象主要是"争、盗、乱"三个方面，也就是现在所说的社会治安稳定问题。民"不争"——不争名、利；"不为盗"——不盗财富；"不乱"——不乱心、不躁动。这是老子认为最符合发展规律要求的社会关系和社会状态，也是社会治理工作的目标。这个目标很单纯，标准也不高，但是怎么做？思想决定行为，行为导致结果。人的思想问题是所有社会问题产生的直接根源，解决所有的社会问题都要先从思想上着手。老子认为"不尚贤、不贵难得之货、不见可欲"是达到这一治理目标最直接、最简单的工作措施，如此可"常使民无知、无欲"，从思想上"使夫智者不敢为也"，"为无为"，实现"无不治"。

无知、无欲是治"民"效果在思想上的体现。从现代管理角度看，无知、无欲体现了"思想统一、行为规范"的管理目标。我们知道，工作措施能不能落实到位，关键要看人的思想认识是否到位。老子认为，统一人的思想认识最直接的办法就是"虚其心，实其腹，弱其志，强其骨"，让人们无知、无欲，没有过分的思想。按照老子的这一理论，可能有人得出这样的结论：社会上有很多诸如高大上、白富美、土豪金等刺激人们思想兴奋的因子，把使人们产生"争、盗、乱"等不良欲望的兴奋因子从人们的现实生活中清除或隔离，"不见可欲"，人们就不会有过分的欲望和追求，民心就不会乱，天下就太平了，就会达到"无不治"的理想状态。这种认识又走向了拣择的误区，高大上、白富美是个人内心对比拣择之念。"不尚贤、不贵难得之货、不见可欲"实质是防止产生以利益为取向的价值观。

老子着重论述"无为"之治在政治生活和现实生活中的表现，告诉人们"无为"是政治生活之道。我们可以感受到，老子没有摆脱当时读书人从政的主流思想，他是一个十分关心政治生活的人。老子时期，社会关系即将发生重大变化，人心混乱，社会认识出现多元化趋势。为了统一人们的思想认识，避免社会思想体系混乱，产生社会动乱，老子经过多年的苦苦思索，终于找到了实现"无不治"这一社会治理目标的政治之道——"无为"。

对"无为"的含义，多数解释为有所为，有所不为，不做无效的工作，不该干的不能干，该干的必须干。这种解释只是表达了"无为"字面上的意思，不够全面，其不足之处在于没有说清楚"哪些该干，哪些不该干"。

"无为"是社会治理的指导思想，更是处理和协调社会关系的准则，包含理念、意识和行为三层含义：

一是从思想理念上理解。"无为"，无违，不违背他人、他物的发展规律，表现为不干扰、不侵占。不同利益的人、不同生活圈子的人最好别乱干涉。不因自己利益需求破坏或侵占另一方的利益，或者是过多地干涉、影响到另一群体的正常生活秩序。古往今来，几乎所有的动荡和混乱都表现为不同利益群体间的激烈冲突，这种冲突都源于优势群体对另一群体的强势作为或过度作为。

二是从意识行为上理解。"无为"的行为是一种行为自觉，不受个人意志和他人意志的主导和支配，是一种自然而然的顺应事物发展的下意识行为。

三是从对外效果上理解。"无为"的行为结果是保障社会所有事物自然发展处于和谐状态。

怎样在"无为"这一管理和关系准则指导下过好社会政治生活？在以后的章节里老子会为我们一一解答。

本章节又提到了一个"智者"的概念，智者与圣人的区别可以这么理解：智者是自然科学学派和思想注重享受的人，圣人是为道派，主要是自觉遵从道的社会管理层精英。

第四章

道的特点和作用

道冲,而用之或不盈,渊兮,似万物之宗。挫其锐,解其纷,和其光,同其尘。湛兮,似或存,吾不知谁之子,象帝之先。

导读:

老子在第二、第三章节提出了"无为"是"无不治"之道的观点。

其理论上的因果关系是,"有无相生"对事物发展的影响"恒也",是不变的,所以人对待事物发展要遵从这一规律。为防止和杜绝人为对事物发展的干扰和影响,要"无为"。"无为"体现在政治管理上,要以防止人为思想因素干扰社会生活规律,达到这一目的最简便的措施就是"常使民无知、无欲",人们的思想统一,行为自然符合道的要求,自然达到"无不为"。

"无为"之道的原理很明确了,但是人们又会产生一个疑问:"无为"之道的正确性是从哪里来的?

老子解答这个疑惑,必须证明"无为"之道的正确性和唯一性。证明"无为"是社会管理之道,首先要让大家明白什么是"道",告诉人们"道"的本质和特点,玄之又玄地搞神秘弄玄乎是没有市场的。然后,当大家都明白"道"原来如此的时候,老子还要证明"无为"完全符合"道"的本质和特点。如此,老子就圆满完成了对自己提出的"无为"之道的论证,树起一家之言。

解读:

本章节的主要目的在于说明"道"对万物的重要作用和意义。"道"非常重要,"似万物之宗",都跟老祖宗的作用一样了,你说重不重要?

"挫其锐,解其纷,和其光,同其尘"用以说明"道"的作用。"锐"指个性,突变的部分；"纷"指关系，杂乱无续的关系；"光"有指导、指点的作用；"尘"指状态，同尘埃一样微小又无处不在的普通民众。可以这样理解：

"挫其锐"，说明"道"可以消除独异于大众的个性化的东西。"锐"，指刀、器具尖锐的部分，引申为个性的、有伤害性的，也是难以长久性保持的状态。在道的作用下，事物可以按照规律自然发展，不会产生有特性的、有伤害性的、难以持久保持的变化。道，可以防止出现异端。

"解其纷"，说明"道"具有调和事物发展关系的作用。纷，指复杂混乱的关系状态。调和社会关系是"道"的重要作用，遵从"道"，才能营造一个适于个体生存发展的社会关系。

"和其光"，说明"道"具有指点方向和普照万物的作用。光，有指引和照耀的两重作用。

"同其尘"，说明"道"存在的状态。尘埃很小也很大，小，如尘埃颗粒，大，如尘埃一样无处不在，能感知但摸不到。

"道"决定了事物的特点，决定了事物的社会关系，指明了事物发展的方向，如同尘埃一样微小却无处不在。"湛兮似或存"，意思是"道"是能感受到但又不能明确定向、定位、定形的，是确实存在并发挥作用的。所以，"道"的价值和作用表现在，认识事物，把握规律，协调关系，体现价值，实现和谐统一的局面。

"似万物之宗"，万物有"道"。天有天"道"，地有地"道"，人有人"道"，小猫小狗各有各自的生存之"道"，事事物物都有"道"。不断寻求万物之"道"，应该作为我们求知路上最重要的目标，求学为求"道"，才是学习的目的，是学习之道。

万物皆有道。但是不能理解为道存在于万物之中，因为这会让人误解为万物都遵循着同一个"道"。其实，万物皆有道，各走各的道，一物不可强为别物，才是"无为"之道。一个适用于万物的统一的"道"是难以找到的，但是有一个正确的认知万物的"道"，就是老子的认识论。"无为"是道，仅是社会管理之道，但"道"不是"无为"。"道"是什么呢？还要在以下的章节里解答。

"吾不知谁之子，象帝之先"，意思是说老子也不能找到"道"的母体和来源，似乎在天地之前就存在了，以此说明"道"的渊源很深，来头很大。有人认为老子思考了宇宙起源的问题，这个问题太宏大、太深奥。我们还是现实一点，只要认识到"道"是客观存在的就行了，只不过"道"需要我们自己去总结和发现。

从本节开始，老子将对天、地和天地间的自然现象，以及人的本质进行全面解读，全力论证他提出的"无为""不争"才是管理之正"道"，别无他道。

第五章

遵从"道"的基本原则

天地不仁，以万物为刍狗；圣人不仁，以百姓为刍狗。天地之间，其犹橐龠乎？虚而不屈，动而愈出。多言数穷，不如守中。

导读：
上一章节，讲了"道"的特点和作用，"似万物之宗"。本章节主要讲"道"的基本原则。

解读：
在遵从"道"的实践活动和过程中，应该坚持哪些原则呢？老子以天地与万物的关系，推论得出圣人与百姓的关系，以人们熟知的天地规律和风箱的工作原理引导人们体会和理解如何顺应道的要求，提出了"道"的两个重要原则。

第一个原则，关于处理人际和社会关系的原则，属于思想理念方面，是对社会关系中其他人员要素的态度和看法。本章老子侧重讲圣人对民的管理理念，是管理者与被管理者相处的原则，即刍狗原则，不仁。刍狗是古代祭祀用品。老子用"刍狗"来帮助人们理解处理人际和社会关系。有三个含义：

一是尊重对方。刍狗是神圣的用品，必须给予尊重。尊重是关系融洽的前提。在后文中老子多次提及的"居下"主要含义是尊重。

二是定位、守规。刍狗在隆重的祭祀中应当放在该放的位置，在祭祀过程中有一定使用规范和程式制约。从管理角度讲，岗位、职责和规范是工作秩序的保证。社会自有分工，每个人都在社会大分工中占据重要的一环，各有各的位置，各有各的行为规范。这些规范不仅需要自己去遵从，也需要得到他人的尊重，随意打破已定的社会生态链条是要付出成本和代价的。

三是不占有、不主宰、不支配。刍狗的作用体现在位置、程式等祭祀的过程中,是不能被参加祭祀的人享受的。用以说明统治者对百姓的态度,管理者对待被管理者的态度。

第二个原则,关于思想和行为的准则。属于人的意识层面,这种意识就是,在一定心理底线条件下保留容纳外来思想和事物的空间,以预留随时可以做出正确处理措施的余地,是一种指导行为的意识。

"守中",也就是持守虚静。老子以风箱作比喻,帮助理解人的思想心态以及对待事物的行为态度。风箱内虚,才有活塞活动的空间,才能发挥功用,活塞不能偏执停留在风箱的一端,必须在风箱的中心位置两端来回有规律地运动,才能产生风的效果。我们可以看出"守中"也有两层含义:一是虚,有容、能容;二是动,运动和变化。动和变有一个不变的中心,是有规则地变、动,有原则地变、动。

"虚",指思想上有容纳外物的空间,不被某种固定的东西充满。思想上的虚,不是空虚,是可以容。思想不僵化,行为不固执,能接纳新思想、新事物,是具有生命力和活力的根本。

本章节是《老子》的核心章节,理解了"道"的这两个原则也就把握了"无为"之道的核心思想。

第六章

道是万物之根

谷神不死，是谓玄牝，玄牝之门，是谓天地根。绵绵若存，用之不勤。

导读：
本节承上节，对道的本质进行深入解释。

解读：
老子用玄牝之门比喻自己推崇的"道"，道如同玄牝之门，生长万物，用之不尽。

因为时人对生殖的认识比较深，实践经验也比较丰富，用生殖来解释"道"对万物生发的道理非常形象，也很贴切。

老子用"玄牝"与"道"作比，太生动了。可以从两个方面理解"道"的特点：

一是"道"是万物生育之门。有孕育、生育万物的作用。所有的事物都有来源和归宿，这是我们认识事物的根本。找出事物的来源、寻找事物发展的归宿是我们认知事物的目的。

二是"道"体现在支配万物生长发育的过程中，是不会消失的，用之不尽的。

第七章

道的价值

天长地久，天地所以能长且久者，以其不自生，故能长生。是以圣人后其身而身先，外其身而身存。以其无私邪，故能成其私。

导读：

道学作为一种认识学，这种学说对于从道者的价值才是他们最关心的学习内容。本节就是解答"道"的理论对于从道者的价值在于"成其私"，顺从"道"者，"道"必将满足其个体发展的要求。

解读：

在本章节，老子主要论述了"道"的使用价值。"道"在成就个人理想和事业上，主要有两个作用：

一是长生。有生存和发展两层含义。天地养育万物，这是天地的道，万物有生死，但天地却能长久。天地长久的原因在于没有把自我的生长、生存作为存在的目的。在后面的章节里，老子告诉我们天保持清明、地保持安宁而颐养万物，是天地所以存在的原因。天地尚且如此，人也要学习天地，不能为了自己的生存而生存，不能只为自己谋利益。要借鉴天地，置自己于众人后，不以自我生存为重，才能为自己营造生存的空间，体现自我价值，实现"长生"。人的"长生"还体现在思想长生、功业长存上。在以后的章节里，老子还将论述"不自生故能长生"的原理和关系。

二是成其私。解决关系人们切身利益的生存、生活和发展问题。这一点也指出了人们学习和修研"道"的主要目的。如果老子的"道"与人的切身利益无关，这样的"道"是没有学习意义的。所以，老子要告诉"道"对人们切身利益的影响，以引起人们的重视，引导人们去学习和遵循。

"圣人后其身而身先，外其身而身存"，从管理者的角度讲述了道对管理者本人的价值。管理者"不自生"具体表现为"后其身"和"外其身"，才能达到"成其私"的目的。这段话与"吃苦在前、享受在后"有异曲同工之妙，是领导者应当遵从的法则，可以称为合格领导者的思想行为准则。

在人的社会关系中，个体对自己群体的领导者都有盲目顺从和无条件付出的心理。这是早期人类在群居甚至还不是人类时就深深地印到基因里的东西。我们从现在群居的灵长类动物中还能看到这种现象，猴群、狒狒群的头领享受着最好的食物和交配权，因为头领为了群体的生存总是付出最多，做到"后其身"和"外其身"，当然得到的也最多。后来很多人把这条准则作为"成其私"的技巧。在历史上和现代管理学中，很多的领导者用此法来激发下属深藏在骨子里的原始动力。其中之理，要用心和人生经验去体会。"身先士卒"就是对这一理论的实践。

老子提出这个理论告诫当时的社会管理者在行政作为上不要只考虑自己的利益，不要只从自身表面利益出发考虑问题、做决策。

第八章

符合道的思想行为标准

上善若水，水善利万物而不争，处众人之所恶，故几于道。居善地，心善渊，与善仁，言善信，政善治，事善能，动善时。夫惟不争，故无尤。

导读：
上一节老子以"成其私"激发了人们学习和追从道的欲望，告诉人们"道"是可以给人们带来好处的，以帮助人们理解道的真谛。但是在具体的社会生活中，符合道的思想言行到底是什么样的呢？既然讲了从道有好处，就得说说怎样做才能符合道。

解读：
本章，老子以人们熟知的水的特性给"道"做了一个近似的解释。

上善若水，水"处众人之所恶"，是最接近道的本质的物质，这种精神体现为"利万物而不争"。这种精神体现在人身上，主要表现在七个方面：居，环境；心，心理；与，交往；言，言行；政，管理；事，事务；动，行动。

这七个方面用现代语言表达就是居住环境、心理健康、人际交往、言语行为、政治管理、工作能力、应急处理或计划行动，是人们工作生活中最为关键的七个方面。提高这七个方面的能力，达到"居善地，心善渊，与善仁，言善信，政善治，事善能，动善时"的标准，应当作为个人学习、修养的基本内容。我们可以从两个层次理解这七个方面的内容：

第一，把人的内在因素作为研究的重点。"心善渊、政善治、事善能"强调了个人心理素质和工作技能两方面的内容。同样环境下，影响工作成效的主要因素是人的心理和技能。所以，个人修养和技能并重应当作为一条重要的教育理念。

第二，包含事物发展的全部条件——天时、地利、人和，涉及人在经济、生活活动中的所有关系元素。"天时、地利、人和"出自《孟子·公孙丑下》，被后人作为成功的三要素。一是环境因素，居善地，强调环境对个人生存发展的作用，为地利。二是人际关系，处理的原则为与善仁、言善信，待人接物处事要真诚，言行一致，守信，为人和。三是识时势，行为措施做到"动善时"，把握时机和火候，应天时。

"夫惟不争，故无尤"。"不争"是老子之"道"继"无为"之后提出的另一个重要内容。不争，就是顺其自然，是顺应事物发展规律的一种理念，是保障个体与外界相关因素不发生直接受力型行为的思想。"不争"具有保证本体"无尤"的作用，即不受伤害。

"不争"与"无为"具有类似的内涵。两者的本质区别在于："不争"强调思想和行为对行为本体的作用和结果——"无尤"；"无为"则是强调思想和行为对外部相关事物的影响和结果——"无不治"。

到此章节，老子讲述了关于道的主要观点。我们可以从两个方面理解：

第一，道的作用是协调社会关系，促进发展。也就是"挫其锐，解其纷，和其光，同其尘"。社会关系复杂，进行归纳分类之后就简单了。从社会群体角度，可以分为管理层和被管理层，也就是老子所说的圣人和民。从个体角度来分，可以分为本人与他人。所有的社会关系就是管理层与被管理层的关系，体现在每个人身上就是本体与他人的关系。人与人之间和谐相处，共同发展，是老子道的主要内容。

第二，道对行为双方的结果是"无尤"和"无不治"，老子之道是保证社会行为有利于双方的道，是行为主动方应当遵从的道。所有与我们有关的社会行为要么是我们主动发生的，要么是我们被动承受的。行为的作用是双向的，结果也是双向。行为实施以后，行为的作用力和反作用力对双方都会产生作用和影响，有害或有利，对行为主动方（圣人、管理者）的要求是不争、无为。所以从另一个角度来讲，无为之道也是管理之道，因为被管理者只是承受的一方。

"不争"的具体内容有哪些呢？老子将在第二十二章为我们详细解释。

值得注意的是，本章提出了一个"上善"的概念。善，是人性之善。老子对以"美、恶、善"等人为主观因素界定事物的做法基本持否定态度。为了区分自然之美、随性之善与人为之美、人为之善，老子用"上善"来表示。

第九章

个体思想行为的极限性和发展变化的阶段性

持而盈之，不如其已；揣而锐之，不可长保。金玉满堂，莫之能守；富贵而骄，自遗其咎。功遂身退，天之道。

导读：

前一章节讲了人在经济和社会生活方面最接近"道"的七个思想行为标准。做到了上述的七个方面就能符合道了吗？非也。在上一节中，老子说这是"几于道"，只是接近道而已，还要接着学。

解读：

在本节，老子列举了人们熟知的两个常见事例：盈和锐。二者都是不能长期保持的极限状态，老子以金钱和富贵对人的影响，引导人们思考金钱、名利、生死、存亡的本质，提出了"功遂身退，天之道"的结论。

盈、锐、满、骄是极限状态，也是事物变化的临界点。事物的发展达到极限和临界状态就必然向另一极发生变化。盈、锐，指发弓、发刃，都是到达极点的状态。持续长时间保持满弓状态是很难的，人会很累。刀具发刃之后到尖锐状态容易受挫。爱金玉、盼富贵是人的本性，财富难以长保。有些事情的结果很明了，其中道理并不是人人都能理解。老子以发弓、发刃的现象为例，引导人们理解和思考人生阶段性变化的临界点和事物发展变化的临界点。特别提醒人们，要重视财富和功利变化的临界点，因为这些东西的所有权和使用权在发生转变时常常关系到人的生命。告诫人们，功利无限，难守难积，该散则散，该退则退，该转则转。

功遂，是一个阶段的终结，也是阶段性使命完成的标志。老子列举的盈、锐、满、骄都是事物临界变化时的状态。所以，功遂也可以理解为事物变化的临界点和发展阶段的转折点。正确认识和判断事物变化的临界点和阶段性，可以防止和避免事物向恶性方向发展。

身退，是阶段性任务完成之后本体的变化趋向。"功遂"随之而后的将是一个全新的时期，新的时期、新的使命、新的环境、新的要求，需要全新的角色。原来事物本体的价值将不再适应新时期的需求，要么退出下一个时期的舞台，要么转换成适应新时期的新角色。如果不主动退出，就违背了"道"的法则，必然要承受自我行为的后果。对个人来说，一项事业成功之日，也就是从事这项事业的所有人的阶段使命结束之时，要么主动退出，要么快速转型。所以有"飞鸟尽，良弓藏"。

"功遂身退"有两层含义：一是退，身心不停留在功遂的过去时。我们知道种植业中对处于幼苗期的作物必须关爱备至，人们关心的其实不是苗，而是苗长成后给我们带来的预期收获。等到秋收以后，也就是苗变成秸秆的时候，我们关心的将是果实的收成，作物的秸秆往往被抛弃在路边或一把火烧掉，因为完成了它的使命。二是变，适应新时期的新要求，不断地进行自我变革。一个人、一个单位、一个国家和地区在不同时期都有不同的使命。在新的时期，人退可以生，但是一个单位和国家不能退，退只有死路一条，不变则亡，就得退出历史的舞台，只能变。主动适应新时代的要求，积极转型，不断改革，这是发展的规律使然。

事物发展是一个变化的过程，或是量或是质的变化。在这变化过程中，事物有时会达到极端状态，极端状态难以持久长保，往往是变化的临界点。化学变化和物理变化的临界点容易理解，在科学实践中也容易控制和掌握。人生的临界点并不是每个人都能正确把握和处理的。

UNIT SECOND
人的认识观

  本单元主要讲述从"无""有"两元认识人的思想和行为特点，即道关于人的认识观。

  一个真正的、纯粹人的本质是由其思想决定的，人的思想境界最高标准状态是"玄德"。人的思想认识属于"无"的层面，人的身体属于"有"的层面，人对音、色、味的感觉和人的行为放纵都是身体感观的附生品，不是生命存在的必需。

  人不是独立存在的个体，人是社会关系中的人，人在社会中的关系地位对人的发展和价值具有影响作用。提升人的社会地位和价值的途径在于按照"道"的要求提升自我思想内涵，提高对社会发展规律的认识能力和水平。认识规律的方法在于执古之道，以史为鉴，是为"道纪"。遵从道者，在思想理念上要做到不欲盈、守静笃。

  根据主要统治阶层在社会管理中遵守"道"的情况，老子把社会管理评价分为四个层次，指出社会主要关系状态呈现的四种现象主要是因为"道"在社会管理上的缺失。

第十章

真正的人、纯粹的人

载营魄抱一，能无离乎？专气致柔，能婴儿乎？涤除玄览，能无疵乎？爱民治国，能无为乎？天门开阖，能无雌乎？明白四达，能无知乎？生之畜之，生而不有，为而不恃，长而不宰，是谓玄德。

导读：

第一单元的九个章节是"道"的通论，适用于所有事物。

从本章节开始，老子从道的认识论角度全面分析人的结构和价值，讲述"道"对人的作用以及对人的要求。本章节主要论述一个真正的人、纯粹的人的内心状态、对外作用，并提出达到这种状态所必须具备的思想意识和行为理念。

解读：

老子开篇一气呵成的六个反问排比句，以无可辩驳的气势，给人提出精体合一、精气如婴、无疵之鉴、无为之治、雌雄交合、明白四达六个方面的境界，也就是现代所说的精神与肉体、内在修养、认知事物本质的能力、对外功能和价值、社会关系中的位置、对未来规律的认识，涉及人的灵魂、精气、理念、对外功用、社会关系和规律认知六个方面。达到这个境界，其表现是内修深厚、功业兼备、洞察世事，这才是一个真正的人、纯粹的人。用后人的话来说，做到这一点，就成神仙了，民间传说中的神仙和道教中的真人，可能就是达到这种标准的人，做到这三点，也就是发生质变的人，成了神。后来有人认为此章节是老子关于养气与修心的理论。在区区五千多字的《老子》里把政治、修身、养性、养生都讲透、讲全面是不可能的，但以此思想进行发挥，得出有益的新思想，才是难能可贵之处。

真正的人、纯粹的人在思想和行为上表现为"玄德"：生之畜之，生而不有，为而不恃，长而不宰。具有两层含义：

一是思想境界。思想境界的高度决定了人生的高度，影响到人的行为的结果。这种思想发源于内心，外用于自然，没有掺杂任何自私的功利因素，这就是"玄德"的境界。德在思想层面有两个方面的含义：第一方面是观念和理念，主要指人对本体、他人、环境各因素的本质及相关关系的认识和看法，如平等观念、环保理念、管理理念、教育理念等，决定了人的意识导向；第二方面是意识，主要指人在处理与具体事物和环境各要素关系时，本体在思想上为发生具体动作和行为所做出的程序性、机制性准备，如危机意识、安全意识，本体可以随时对外做功，发生动作和行为，意识影响人的行为能力和效果。

二是行为效果。"生之畜之，生而不有，为而不恃，长而不宰"是人在六大最高思想境界指导下的行为和效果。"生、畜、为、长"是行为，"不有、不恃、不宰"是行为在思想意识支配下的表现，对外表现为行为的力度、处事的角度和达到的效果，行为受观念和意识支配。"生而不有，为而不恃"，"生"，原指生育，"为"，指"做、为"，在这里"生"和"为"有同样的含义；"不有"就是不占有，"恃"指不依靠，"长"，使之成长，"宰"，支配和主宰。这句话可理解为，创造一件事物，做成一个项目、工程，成就一项事业，并不以此作为自己的功绩，不当成自己谋取利益的基础和资本，不以此作为主宰别人成长和命运的条件。

从这两层含义中，我们可以看出"德"是人的思想和行为的综合表现，侧重于思想和行为对外的影响。所以，现代人们普遍以"道德"作为对人的思想和行为的评价标准，主要是看其思想和行为对外的影响和效果，是利己还是利他。

"德"是源自内心的境界，人以"德"的观念和意识对待和处理与各项事物（事务）的关系，"生而不有，为而不恃，长而不宰"，发生关系，但不影响事物自然发展的规律，才是"玄德"。每个人都有寻求帮助的时候，也有帮助别人的时候，给予帮助不过分热情，不超出别人需要，也不图回报，更不以此让人感觉欠下了一份人情，就是"玄德"。把"某某人还欠我一个人情"挂在嘴边，这种思想和行为就是缺"德"。

待物以"德"，事物发展和变化才能趋向其本来归宿；待人以"德"，助人成长，保证他人的独立人格，保证他人以独立的个体自由发展。"德"在关于人的认识论中的属性是什么呢？下节将专门讲解。

值得注意的是，从人际关系方面讲，德是单向的，是行为人本体的思想和行为，是行为主动方的思想和行为。在《老子》中，德和道的主体是人，是行为发生的主动一方，能对他人起到影响作用的人。这种人在老子时代主要指当时的统治阶层，现代则广义地指社会组成单位的管理层，特别是其主要管理者。

本节提出了"无知"的概念。从字面上看，"无知"是什么都不知道的意思。比如现代人说某人太无知，意思是这个人缺乏为人处世的基本常识。在本章节里"无知"的"知"不是名词的"知识"，而是动词的"认知、求知"。"明白四达，能无知乎"的意思是什么事都明白了，当然也就到了没有可以认知的境界，也就不用学习了，估计没有人能做到明白四达、无知。

第十一章

"有"和"无"的关系

三十辐共一毂,当其无,有车之用。埏(shān)埴以为器,当其无,有器之用。凿户牖(yǒu)以为室,当其无,有室之用。故有之以为利,无之以为用。

导读:

上一节,老子主要讲述"德"的基本特征,"德"在人的认识观中的属性是什么?"德"在人发挥社会价值的过程中起到什么作用呢?解答这个问题要从"无"和"有"两元认识论中寻找答案。

本章节旨在说明"有""无"两元对事物功能和效用的影响,也就是事物的价值由什么决定的。这里的价值不是经济学的价值,主要指事物的利用价值。

解读:

老子在第一章提出了认识事物的"无""有"两元论,并没有继续讲解"无"和"有"之间的关系以及对事物价值的影响。直到本章节,老子才以车毂、陶器、居室为例,帮助人们理解"无"和"有"的内涵。车毂、陶器、居室的内部空间呈现空无的状态,因其空无才使车毂、陶器、居室具备了使用价值。车毂、陶器、居室是"有"的本体,本体的存在是空无的基础和载体,才使事物具有利用的价值。这些事物内部空间的"无"决定了事物的功能。

从"无"和"有"两元的角度,我们可以认识到,人的身体只是一个皮囊,属性为"有",人的利用价值以身体各器官的协同作用为基础,通过言语、行为对外作用、施加影响,具有生命特征的人的身体只是思想、行为对外做功的媒介和载体。观念、理念、意识等思想精神层面的属性为"无",决定了人的使用价值。比如,人们根据个人喜好选择学习的专业,根据所受教育的专业选择职业。

所以，人的本身是德行之器，属"有"，思想理念和意识是人之用，是决定人的社会价值所在，属"无"。这个"无"是如何影响人的价值和作用的呢？老子在以后的章节会给我们一个答案。

延伸：

从阴阳两面性分析看待问题的思想是中国古代智慧的结晶，在《易经》形成时期，这个思想体系已经相当成熟了。对于易经的阴阳理论，有人可能会向神秘方向去理解，其实这是认识事物最直观、最简单的方式。在分析和认识事物时，我们剥去阴阳这种晦涩的学术语言，用普通易懂的话来说，就是难易、长短、内外、男女等事物的两面，这样大家就很好理解了。到了《老子》这里，阴阳学说得到进一步的发展，成为老子认识事物本质的基础，建立了一个完整的认知事物发展规律的体系，也就是"道"学，这个认知体系是辨析大是大非的大智慧。

在《老子》一书中，老子用了"无、有"两个字，来替代"阴、阳"，有两个方面的意思：第一，事物个体有阴阳，事物之间有阴阳。无、有是老子用"道"在研究事物时的专用名词，是阴阳的另一种说法。第二，防止人们把老子的学说与算命占卜学混淆，此阴阳非彼阴阳。

第十二章

本体之本

五色令人目盲，五音令人耳聋，五味令人口爽，驰骋畋猎，令人心发狂，难得之货，令人行妨。是以圣人为腹不为目，故去彼取此。

导读：
上一章节论述了"无"和"有"的含义，本节主要讲述人之"有"的相关内容。人的生命之躯为"有"，对外有什么表现和反应？这些表现和反应与人的本体有什么关系和影响？本章节将全面解答。

解读：
人的生命躯体是思想和精神的载体，是思想向行为转化的介质，身体是对外行为、做功的基础。老子列举了人对周边事物最直接的感觉，主要有五个方面，可以分为三大类：

一是色、音、味的感官刺激，是人体目、耳、口对外部刺激的需求和反映。

二是畋猎类的行为放纵，是人的思想与行为违背了"玄德"的行为准则，不是满足人体正常生长、生存和发展的本质需求。

三是难得之货类的物欲追求。

老子把这些让人们的感官产生兴奋的需求定性为"令人行妨"，认为过分看重这些行为和感受会让人的行为偏离生命的本质。

"圣人为腹不为目"，"腹"，吃饱、不吃饱的感觉全在肚子里；"目"，泛指身体的感觉和欲望。老子认为，吃饭是生存的本质问题，人之"有"就是生命的存在，身体的健康和生命的存续才是生命的基础。老子在这里最直白的意思就是，先吃饱肚子，这是最根本的。先把吃的问题解决了，再慢慢做别的吧。

吃饭是人生的根本问题，人的一切活动都是围绕着饭碗进行的。

马斯洛需求层次理论把人的需求划分为五个层次，体现了西方科学研究的逻辑性、严谨性，但是层次分得太多，记忆起来也很麻烦。老子在对人的需求分析上就显得简单多了，简单地把人的需求划分为"行妨"和"为腹"两大类。

老子认为，色、音、味不是生存的根本需求，畋猎不是必需行为，难得之货不是生活必需品。"为腹不为目"，填饱肚子的生存问题也就是保证生命的存续才是人的根本。无论多么高尚的追求、伦理和情操，在面临吃饭问题的时候都会变得一文不值。当一个人面临吃饭和生存问题的时候，道德、法律、礼、义、廉、耻都统统让位。

现在有些人把"色、音、味、畋猎、难得之货"这五个方面作为区分生活质量、档次、水平的标准，也有人把在这五个方面占有的程度作为区分高低贵贱的标准，作为人生成功的标志，作为人生的追求目标。

根据《易经》关于发展变化的规律，这些并非关乎人们生存根本的东西在一定的范围和时期内成为世人重视的东西，也是符合规律的。这些东西，在老子时代的社会已经出现了苗头，有的也的确成为当时社会主流人士的追求和价值所在，老子感受到了。

延伸：

老子认为，圣人也就是社会管理者首要考虑的问题必须是国民的吃饭问题，"为腹不为目，去彼取此"。具体到实际的工作中，应当把农业作为最基本的产业大力发展。

第十三章

人在社会关系中的位置和状态

宠辱若惊，贵大患若身。何谓宠辱若惊？宠为下，得之若惊，失之若惊，是谓宠辱若惊。何谓贵大患若身？吾所以有大患者，为吾有身；及吾无身，吾有何患？

故贵以身为天下，若可寄天下；爱以身为天下，若可托天下。

导读：

"圣人为腹不为目"，生命诚可贵，生又为何生？一个完全脱离了社会关系的人是没有价值的。人在社会关系中的位置是如何确定的呢？不同社会位置中的人们为了保住自己的位置或者企图实现位置的进阶会有什么样的表现呢？

解读：

社会的人群可以简单地划分为管理者和被管理者。社会关系主要有两个层面：一是管理者与被管理者的关系；二是被管理者内部阶层分化引起的进阶关系，这种关系的实质仍然是由管理者与被管理者的关系决定的。

这一节由人们关注的宠辱问题说起。老子把管理者与被管理者间的关系状态划分为宠和辱两种：管理者对被管理者的认同和支持为"宠"；管理者对被管理者的否定和排斥为"辱"。所以，人在所有社会关系中的位置表现为"宠"位和"辱"位间的变化。

在奴隶和封建社会，主奴与宗族两大关系构成了中国的关系网，两大关系对个人的命运起到决定性作用。上流人士与统治者是主奴关系，奴才在主子那里得到的是宠还是辱，直接影响到生活的质量，关系社会地位，甚至身家性命，容不得小视。所以得之若惊，失之若惊。范进中举得了失心疯就是最好的例子。至今在各个社会组织关系中，主要管理者与被管理者的主奴关系仍然或明或隐地存在，有人以亲密、疏远、对立来描述人际关系的状态，其实质上仍然是"宠"与"辱"。宠的标志是走向更高的位置，享受更好的待遇，辱的标志是不再受重用。当然正确对待宠辱是要修行的。然而本小节的重点不在于说宠辱对人的重要性，"宠辱若惊，贵大患若身"说明宠辱虽重，但贵不过"身"，贵不过自我对"身"的价值的认识。关注宠辱的实质是关注自身利益，自身利益受人在社会关系中的位置制约，而决定社会位置变化的关键要素是人的思想和意识。对于个人在社会关系中位置的变化，老子提出了两个方面的观点：

一是"故贵以身为天下，若可寄天下"。"寄"指依附、共生，"为天下"是一种责任，具有以"天下"万物发展为己任的责任感，才具备寄托"天下"重任的条件，身"寄天下"所以"贵"。从管理者的角度来说，管理者应当宠爱具备高度责任心的下属，因为有责任心才能有担当，所以选择有责任心的下属是管理者用人的第一要务。然而现实中有的管理者宠爱善于讨好自己的下属，也经常被下属的表面文章所迷惑。现实中确实有些人把时间和精力用在了邀宠上，以牺牲时间和空间为代价，以牺牲与家人共享天伦之乐的美好时光为代价，没事也经常加班加点，带病上岗也在所不惜，甚至越是有病越要上班，坚持在领导之前到岗，坚决在领导之后回家，力争通过长期的坚持传到领导的耳朵里，以此证明个人对事业和领导的忠诚，美其名曰为了伟大的事业，实质上是邀功讨宠，以讨得领导的好感，赏个一官半职。一个透支体力和生命换取宠爱的人，一个不关心父母、老婆和孩子的人，会真心关爱他人和事业吗？

二是"爱以身为天下，若可托天下"。"托"是承托、承担，"为天下"是一种境界，置身"天下"才能承托天下，是以"天下"为己任的使命感，因"托天下"之使命才爱"身"，这是个人发展中质的飞跃。现实中有些人在单位勾心斗角、争宠求荣，把精力和目标放在单位内部人事关系的进阶和跨跃上，实质上是奴才心理使然，没有跳出内部关系圈的宠辱制约。这种人有可能实现在单位内部提拔晋升的目标，但最终难以逃脱被单位这个小圈子圈住一生的命运，其人生也难以发生质的变化。人在社会关系中的位置变化，是人生质量的变化，人生质量的变化关键在于思想理念的提升。所以，"爱以身为天下"是改变人际关系位置的终极思想，也是不二法门。

延伸：

在对待事业和荣誉上，老子思想和儒家思想的态度是不同的。老子讲无为和功遂身退，是做事成事之道，侧重成就事业保全身家性命，即重实。孔子之后的儒家思想以仁、义、礼为主线，也是做事成事之道，以保全个人气节名分为重，有时宁可牺牲生命也不可失去名节，即重虚。这一虚一实的两个思想同出异名，都以《易经》思想为源，目标是一致的，共同尊崇"道"和"德"，但是结果却不相同。表现为：社会对以仁义做事的人和以"道"行事的人的最终评价不同。这是为什么呢？孔子重内在仁、义，而行事以刚，原则明确，行事有定制，体现了中国传统思想的阳刚之气的正能量。历史上众多的英雄人物都是儒家思想树立起来的，这些人物经过历史的沉淀逐渐成为中华民族思想和道德价值体系的标杆，成为支撑中国思想和传统文化的脊梁。老子之道贵保身，行事重变，看似无定性，显得多计多柔，是中国智慧"柔弱胜刚强"的结晶。一阴一阳之谓道。两者没有对与错，只有时宜之分，看其适于存身还是适于宏义，当刚必刚，当柔必柔，才是道。

人的发展和进步表现为两个方面：一是在本群体内部的位置进阶，也就是在群内社会地位和资源支配权力的进阶，宠辱只限于界定个体在本群体内的位置状态；二是人在全社会层面的阶层跃升，以前用阶级划分，现在多以阶层划分，以人在经济资源、组织资源上的占有和支配程度以及对社会文化的影响程度为基础，把人分为不同的阶层，其实质上是综合所有传统主流价值要素对人的综合评价。"争宠"在现实生活中有着多种表现，小到兄弟姐妹因宠生怨，大到拉帮结派、结党营私，爱恨情仇、喜怒哀乐的社会万象皆在其中。然而"宠、辱"不是改变自我命运的决定性要素，"宠"只能改善自我条件。人的发展和进步取决于自我的认知能力和水平，"贵以身为天下"的思想境界，"爱以身为天下"的行动和作为才是实现自我突破的根本。

第十四章

悟道的路径

视之不见，名曰夷；听之不闻，名曰希；搏之不得，名曰微。此三者，不可致诘，故混而为一。其上不皦，其下不昧。绳绳（mǐn mǐn）兮不可名，复归于无物。是谓无状之状，无物之象，是谓惚恍。迎之不见其首，随之不见其后。

执古之道，以御今之有。能知古始，是谓道纪。

导读：

老子的道是侧重研究人的社会关系和发展的学说。在第一单元的九个章节讲述了道的基本理论，本单元第十至十二章节先后讲述了人的有和无构成及特点，第十三章节主要讲述了人在社会关系中所处的位置及关系状态。到此章节，人们不禁要问：道是什么呢？人怎么样才能做到"道"呢？如果不把这个问题讲明白，人就如同被领进了一间黑屋子。所以，本章节主要讲解悟道的路径和方法。

解读：

看不见，听不到，摸不着，是一种什么状态？大家可以想象在一间漆黑的屋子里，会让人产生难以把握的恐惧感，如果时间久了，会产生似是而非的幻觉。此时的环境和状态，看不见头，找不到尾，不知会持续多长时间，这就是恍惚了。

每个人在探索"道"的过程中，必定会遇到这种状态。哪些事该做，哪些事不该做，哪些是对的，哪些是错的？特别是面临大是大非和重大选择时该怎么办？在未能悟道之前，这些问题真是想不通呀，欲求结果而不可得，心情急切，思想混乱，时间长了，人是要疯的，也有走火入魔的，有些人就悟出了歪门邪道。怎么样脱离这种状态呢？如何在思绪的一团乱麻中理出个头绪，找到真正的"道"呢？

老子指出了一个办法："执古之道，以御今之有。能知古始，是谓道纪。""纪"，就是头绪，在古语中是线头或绳子头的意思，在这里指理清"道是什么"这一团乱麻的头绪。老子把线头给我们找出来了，下一步是慢慢理的过程，更要讲究规则。

"执古之道"有三层意思：

一是尊重传统。先人传下的东西不论是思想、事物还是经验，总是有其存在的道理，当然肯定会有让人感到不舒服的"老古板"。其实很多传统给人们带来的不适，只是多了一点约束，少了一点自由，并没有直接的害处。在历史及现实生活中，遵从传统的好处不明显，感受也不深刻，但是违背传统的后果却很严重，教训太过惨重，不堪回首。

二是从历史中总结经验教训。为"道"的过程，其实是一个不断地总结经验和规律的过程，是一个不断建立和形成自我知识体系的过程。有些知识不是学来的，而是对自己的、他人的经历或历史进行学习、体会、总结、提炼的结晶。"学而不思则罔，思而不学则殆"就是这个意思。

真正的人生经验，谁总结出来的就是谁的。自己的体会无论多么高深和正确，他人也难以体会。比如现在网上流行的人生警句，写得非常深刻，可是我们看了之后只会在思想上热乎一下，却难以在自己的现实生活中切身实践。人生经验需要自己在现实生活中去体会，思想上、身体上越是痛苦的体会往往给人的经验教训越深刻。大家回想一下，自己记忆最深、最清晰的经历，大多是最痛苦的、最幸福的，感受最深的，比如失恋。与"道"有缘的人，不只是从自身经历中总结经验，更注重从别人身上、从历史中学习，总结别人的苦难过程，吸取历史中血的教训，善于把别人的经历融合成自己人生经历的一部分，善于在历史和他人身上学习，自己必然少一点苦难，少流一点血和泪。

三是学习历史的态度。学习历史，不只是记下历史的沧桑、民族的血恨和人物的悲哀，更要在漫漫历史长河中总结提炼社会发展的规律，找准影响未来社会变革的方向，还要用人物和民族的历史去验证各类价值观所阐释的发展规律。对于符合的要善于遵守，对不符合的要敢于说不。敢于想、敢于说、敢于做，这才是为历史负责、为民族负责、为人民负责、为自己负责。

第十五章

"道"者的思想行为理念

古之善为道者，微妙玄通，深不可识。夫唯不可识，故强为之容：豫兮若冬涉川；犹兮若畏四邻；俨兮其若客；涣兮其若冰之将释；敦兮其若朴；旷兮其若谷；混兮其若浊。孰能浊以静之徐清；孰能安以久动之徐生？保此道者不欲盈。夫唯不盈，故能蔽而新成。

导读：

上一节讲了"道纪"，也就是理清道的头绪的方法。本章节主要讲述悟道之后的人，也就是善为道者的具体思想行为理念。老子通过七个具体的生产、生活细节，生动描述了善为道者在处理具体事情中的思想行为理念。

解读：

涉川、四邻、若客，是人在社会中的三个主要活动：过河、与邻居相处和做客。冰之将释、敦朴、若谷、混浊，是常见的自然状态。冰之将释是变化，敦朴是事物本质，若谷是个人心态，混浊是社会状态。这七个生产、生活的细节虽然不能代表社会的全貌，但是包含了当时人的重要活动，所以老子说"强为之容"。

如何应对上述七种现象？老子描述了善为道者的思想行为理念，具体表现为：一是豫，质疑；二是犹，警惕；三是俨，庄重；四是涣，不知不觉地变化成长，如冰之将释；五是敦，自然的纯真厚道；六是旷，山谷给人的感觉。七是混，想象一下那种夹杂着东西的大水的气势。

这七种状态真正用现代语言解释起来就没有意思了，还是通过阅读原文感受最深，意境也最为美丽。如"豫"，就如寒冬时节渡过冰封的河川的过程一样。

有过这种经历的人,可以感受到当时那种小心翼翼的心态,欲动又不敢动的举止行为,加上心理状态、动作行为和对环境的观察等各种描写,都不足以形容当时的全部情形。其他各点,大家可以类比体会一下。这七者,是善为道者在应对事物本身、外部环境过程中应有的思想态度,老子称之为"不欲盈",这是个人综合素质的集中表现。

"盈",是一种状态和心态,充满的,已经没有接纳外物的空间了。"不欲盈",可以理解为行为举止不过分,占有物质、财富、名利有度,思想有包容的空间,不偏激冲动。"不欲盈"的状态,体现在居、心、与、言、政、事、动七个方面,可以对照第八章来学习体会。第八章讲的是道对关于人的七种社会行为和能力的执行标准和原则,本章则是注意事项,也可以说是"道"的心法。如果细细写来,每一方面都可以形成一篇宏大的理论文章,还可以加上古往今来生动的历史人物故事,有兴趣的可以自行找来品味。

居,不欲盈。人对于居住环境的欲望是无止境的,有多少套房子可以满足呢?豪华到什么程度可满足呢?

心,不欲盈。这是心理健康的标准,对自己、别人,对工作、生活、婚姻中各方面的事物与人,有追求圆满、完美之心,但不要渴求圆满、完美的结果。因为永远达不到,所以永远会伤心。

与,不欲盈。人际关系中各元素,即与师、友、领导、亲人等之间的交往,不要渴求对方完全尽到所谓老师的责任、父母的责任等,自己也不要为了尽到作为子女或父母等的责任过多地干涉对方的工作、生活和成长。付出越多,双方的沟壑越深,关系也会由亲密变至疏远,甚至成为敌人。这一点,在爱情方面的例子最为生动和鲜活。

言,不欲盈。话不要说得太满、太直、太毒、太狠。

政,不欲盈。政治管理措施是不会满足所有人群的,结果总是偏向一个群体,没有一项措施能全面惠及各方人群,让全部公民满意。

事,不欲盈。做事的能力、水平和结果,都能十全十美吗?特别是在用人上,想找一个善事的人非常难,能力胜任的人品不行,人品好的能力不足,能力行、人品好的又不想做,心态不行。在企业招聘中这种情况就比较常见了,想找到一个让自己十分满意的人非常难,知道这一点就行了。我们找善事之人,表面上是找人,但实质上是为了做成事,落脚点还是事。

动，不欲盈。本章节，老子主要讲动"不欲盈"的内容。

"不欲盈"更是堪当大事者必备的心理素质。

"孰能浊以静之徐清，孰能安以久动之徐生？"谁能让复杂、混乱的事态恢复清静、安定，谁能保障社会关系的状态适宜发展、生息？具备静浊的能力和久安的水平，大可平乱安民，小可息事宁人。在今天的市场经济和职场上，越是经济形势纷繁复杂、危机重重，越是单位管理混乱、前景不清，越需要具备"不欲盈"这种综合素质的复合型管理人才。一个职场人要有这种"浊以静之徐清、安以久动之徐生"的思想准备和作为，具备"静浊""久安"的能力，才能有"蔽而新成"的作为，才能成就一番崭新的属于自己的事业。

第十六章

事物发展的终极归宿

致虚极,守静笃。万物并作,吾以观复。夫物芸芸,各复归其根。归根曰静,是谓复命。复命曰常,知常曰明。不知常,妄作凶。知常容,容乃公,公乃王,王乃天,天乃道,道乃久,殁身不殆。

导读:

具备了"道"的综合素质,在思想理念上为遵从"道"做好了充分的准备,这些还不够,因为为道者不能只停留在个人自我修养的层面上。善为道者也是一个入世之人,要准确把握社会发展的规律,知晓规律、尊重规律,按规律办事,才能有条不紊地与事物共同发展,到达事物发展的终极归宿,实现自我价值。

解读:

"虚""静"是事物发展的最终归宿。"静"是事物本源的状态,一粒种子的外在表象是静,种子经历发芽到开花的成长萌发过程,最后到秋冬时节又以种子的形式回归本源,回到"静"的状态。在这一过程中,种子萌发到结果成熟,生命的基因和动力凝成一个核,完成了又一个轮回,达到一个新的静的状态,这叫作"复命"。事物由静到静的过程是永恒的,是规律,所以叫作"常",认识和把握事物复命的规律叫作"明"。认识不到、把握不了这种规律就会做出"妄",也就是胡乱的行为。

"虚""静"是人自我修养的心法。以自然现象总结规律,以规律指导人生,是老子思想的主要。"虚""静"是自然事物的本源,作为自然事物重要组成一员的"人",当然也要遵循这一法则。在人的生长发展历程中,决定人的社会价值的内核是人的思想和灵魂。由此,老子认为人的思想、灵魂的本质特征也是"虚""静"。

"虚""静"也可以理解为"道"的心法。武侠小说中经常讲到内功心法,武功最高的境界就是心法,动作只是花拳绣腿。虚,指境界,人内心之大和"无",有容纳的空间,有容忍的思想;静,指心态,不躁动,不妄动,是萌发前的孕育之静,是行为发生前的酝酿之静,静中有变,为生、为变而静。

老子的思想是最忌讳偏执、固执的,但在此章节难得地表现了偏执的倾向:"致虚极,守静笃",虚还不够,要"极",守还不足,要"笃"。充分说明了心态的重要性,强调了心态对做事的重要程度。换一种说法来理解,就是内心信仰的坚定性。没有坚定的心态和信仰,为人处世、外向做功的结果就难以向好的方面发展。老子在此强调对"道"的坚定的信仰。有些事不能固执,但守"道"必须固执,心不固,则"道"不守。老子的"道"是广义的道,任一事、物都有"道"在其中,此道一旦明确,就必须坚守笃行。今天认为这样是"道",明天又认为那样才是"道",就不是"道",认准的,要坚持下去,并且做下去。

延伸:

老子的理论属虚、偏阴,理论语言多隐晦。儒家思想偏阳、直白、易懂。同样的话语,《大学》就说得很明白了:"知止而后有定,定而后能静,静而后能安,安而后能虑,虑而后能得。物有本末,事有终始。知所先后,则近道矣。"在此意义上,老子思想和儒家思想有异曲同工之妙。两相对照读起来更能加深对《老子》这一章节的理解,明白为什么要守"静",还要做到"笃",深深地。两者不同点在于老子在此深刻阐释了"静"的理论原理,是知其所以然,而《大学》只是告诉人们要这么做,是知其然。

老子思想和孔子思想共同的理论来源是《易经》,很多理论是相通的、一致的,所以《老子》思想中百分之八十以上的内容可以用儒家思想解读,这也是《老子》容易解读的原因。《老子》与《论语》在指导人的行为目标上有着众多的一致性,其不同点是《老子》侧重于道理上的论证,《论语》侧重行为上的说教。理不通事不明,因为评价体系的不同,人们一时难以理解老子思想非常正常,这也是《老子》解不透的原因。学《论语》就简单多了,在众多的"子曰"中,能做什么不能做什么说得非常清楚,一目了然,然而知其然不知其所以然,其缺点是没有进一步解释其中道理,所以经常出现徒弟向孔子问"仁"的情况。《论语》中几乎所有的行为准则,都能在《老子》中找到其运行的原理。

第十七章

社会管理的评价

太上，不知有之；其次，亲而誉之；其次，畏之；其次，侮之。信不足焉，有不信焉。悠兮其贵言。功成事遂，百姓皆谓：我自然。

导读：

"道"无处不在，但是万物并没有在其身外贴上一个类似说明书的东西，说我的"道"是什么样子的，这个"道"是要我们自己按照"道纪"的方法去悟、去寻找的。"道"是一个探寻、论证和实践的过程，有人找到的可能不是正确的"道"，有些是旁门左道。正"道"是什么样子的呢？

什么是正道？公道自在人心。最好的评价是民心，用民心作为验"道"的标准还是非常可行的，所以现在非常流行满意度测评之类。

解读：

不知、亲誉、畏之、侮之，民心、心意指数最终定性为四个层次，老子以此引导人们理解哪一种是大"道"，得"道"的样子。这四个层次也是社会大众对人或事物的评价层次。这四个层次的评价对象是统治阶层和上流人士，因其公众知名度高，社会影响面大，是社会的焦点和重点，容易获得大众的评价。

从现代的角度来说，这也是管理水平的层次划分标准。

第一层次：不知有。达到了无不治的管理目标，管理对象却感受不到管理措施、制度和具体管理行为的存在，这是无为之治的最高境界。比如，现代很多企业都在搞企业文化建设，其实企业文化的重要作用就在于化管理于无形，让员工在企业文化的影响下自觉达到管理目标的要求，寓管理于文化之中。"不知有"真实含义就是把社会管理理念和价值形成文化根植到管理对象思想中。

具体到一个单位来说，一个优秀的领导者不在于出台了多少科学的管理制度和措施，而在于让管理目标、工作理念、程序、规则、制度等对员工产生潜移默化的影响，让对员工的强制性约束成为员工的自觉行为，员工执行了管理制度却感受不到制度的强力约束作用。这是管理的最高境界。

第二层次：亲而誉。虽然"不知有"是对管理水平的最高评价，因其"不知有"的特点而得不到社会的认可，"亲而誉"就变成了管理能力和工作水平的最高评价。在现实生活中，能被人们"亲而誉"的管理人物也十分难得，这类人物给人的印象惊人地类似：亲民、工作能力强、政绩突出，人们在评论该人物时都能举若干具体的事例，有的成为传奇式的人物。

第三层次：畏。体现在严格的管理和惩罚措施给管理对象形成足够的压力，措施虽然严厉了一点，还是能够承受的，也能推动社会发展和工作的进展。

第四层次：侮。管理制度、措施、理念、具体行为不能带来事业的进步，甚至是倒退，对人的发展也不能起到促进作用，管理者的思想、意识和行为对管理对象是有害的、有损的。有的单位会遇到这种情况，对于处于"侮"的层次的领导，员工在表面上是不敢对其进行"侮"，只有喝多了酒或回到家里关上门才敢偷偷地骂。对其他公众人物的评价也可以类比划分出不同的层次，具体内容大家都懂。

为什么是这样的结果？老子说"信不足焉，有不信焉"，归根是自己的言行的问题。这里的信有三个含义：

一是个人言行与自己制定的法令、制度一致，领导者带头执行。现在有的地方政府部门不按国家有关规定行事，在民众中怎么会有诚信可言。

二是言行一致。说了就做到，许诺了民众的事，就要办到，不能为了获得选票、好评和政绩弄虚作假。

三是个人的诚信。尽职尽责是最大的诚信，在其位谋其政，做该做的事，就是认真落实岗位责任制。领导者的责任不只是完成岗位任务，也不仅是对职工生活上的嘘寒问暖，更为重要的是对下级成长进阶的支持，以及对下级应得利益的保障。

"悠兮其贵言"是老子对管理行为的感慨。其意为不要把繁杂的制度、命令、指令作为管理的措施，大家都轻松、自由一点多好呀。"言"，政令，也就是管理学中的规章、制度。现实中，管理的最大问题恰恰就是管理者不"贵言"：

把制度、规章作为管理的主要措施,把管理的着力点放在制度的建设和执行上,以严格的制度、严厉的惩罚作为管理的主要甚至是唯一手段,割裂了上级与下级"信"的沟通渠道,使制度成为管理者与被管理者交流的唯一渠道。这种方式使管理水平堕入"畏"的三流管理境地。管理的核心目标是营造和谐的团队关系,岗位和职责(名和止)是管理的自然属性,制度是管理者对岗位和职责的人为限制,所以把制度作为管理的核心则偏离了管理之"道"。

"功成事遂,百姓皆谓:我自然",在这里的意思是"无为"达到了"无不治"的目的,实现了社会安定、百姓乐业的小康社会目标。在这种情况下,百姓都会说,我能过上这样的生活是很正常的事情,这是社会发展的自然结果。然而,在现实中很难获得百姓这样的评价。百姓总是会对社会评头论足,虽然有时说得不一定正确,但肯定会说些什么,不叫说也堵不住嘴,堵了嘴也封不了心,防民之口,甚于防川。在这一节,老子最后仍不忘记再次提及自己"无为"之道。"百姓皆谓:我自然",老百姓会给予最高的评价,这个最高评价就是"不知道"。反过来理解,就是说,你看看,我说的"道"是不是最好的,肯定是呀,是太上之道。

"信不足焉,有不信焉",为什么"信不足"会有不信的结果,在第二十三章将专门论述。

第十八章

"道"缺失后的社会形态

大道废，有仁义；智慧出，有大伪；六亲不和，有孝慈；国家昏乱，有忠臣。

导读：
上一章从人们对符合"道"的评价了解到，治理社会以"道"会得到"不知有之"的评价。本章节主要讲失"道"的社会在具体形态上的表现。

解读：
仁义、智慧、孝慈、忠臣是传统儒家价值体系对社会主要关系状态的终极评价结果。其中，仁义侧重社会普通人际关系，孝慈侧重亲情关系，忠臣侧重上下级关系，智慧侧重人的思想认识层面。从词性上讲，这四个词汇都是褒义词。

"大道废"，有"仁义、智慧、孝慈、忠臣"。其含义是当社会把"道"这一价值评价体系废弃之后，建立了以"仁义、智慧、孝慈、忠臣"等为评价结果的现行评价体系，所以相对应地也就会出现不仁不义、不孝不慈、虚伪、奸佞等行为。

这四种境界都是当时社会标榜的主流价值，有错吗？没错。但是仁义、智慧、孝慈、忠臣是对比的结果，是儒家思想学界和统治阶层在社会树立的标杆。这种评价结果是与标杆的对比得出的，体现的是统治阶层和儒家思想学界的人为意志，而不是人类社会关系的本质。

老子的"道"是可以触及的"道"，是任何人想做就能做到的"道"。想做就能做到，所以才有推广的意义和价值，才是真正符合事物发展的道。

仁义、智慧、孝慈、忠臣是普通人难以全面达到的状态，需要超常规的付出、无私的奉献，甚至是生命。毕生努力都难以达到的状态就不是正常的状态，说明确定这种状态的体系有问题，不能反映事物的本质。

仁义、智慧、孝慈、忠臣是以标杆的形式呼唤大众争相效仿，实质是引导大众非常规地付出和奉献。历史早已证明，只有非常规地付出和奉献才能载入史册，才能换来后人轻轻的一语评价。可是愿意付出和奉献的人太少了，大多数人都在等待他人以仁义、智慧、孝慈、忠臣的面貌出现，以期待享受别人付出和奉献的成果，享受之余能在良心上给予一丝丝感慨的就算是"好人"了。

老子的"无为"思想认为，人人都不要太多的、超额的付出，各就各位、各司其责，都按照规律做该做的，都过着普普通通的生活，没有高低贵贱之分，没有不仁不义，没有虚伪，六亲和睦，社会安泰，这样才是真正的社会发展状态。

老子认为，社会管理的直接作用是协调社会关系，确保社会关系各要素按照发展规律自主、自由发展。在社会管理中，以各种极端高尚的思想行为作为获得大众认同和随从的导向和标杆，对社会发展和进步往往没有多大的实际价值。同样，以绝大多数人都不能做到的行为作为管理标准，是不可能实现管理目标的，用在社会治理上会成为人类渴望自由和平等大道上的绊脚石，早晚会为社会发展潮流所摒弃。从历史中我们可以看到，总有那么一小撮人不按规律出牌，总想有所作为，做出了很多惊天地、泣鬼神、留青史的大事，扰乱了社会自然发展的正常秩序，破坏了大"道"。让所有引起人们思想混乱的主张都离我们远远的吧，这可能是老子的主张，在时间推移过程中，人的思想会慢慢回到大"道"中来。

延伸：

现代社会越来越重视评价体系建设工作，已经作为现代决策和计划的重要内容。现今流行的各种指标评价办法，是分析和决策体系的一项重要工作内容。例如，常见的绩效考评办法。很多单位都乐于以此办法实现对工作、任务甚至是人的数字化评价管理。人们在设计考评办法时，针对与考评对象关联密切的各种因素设计了多项指标，并赋予不同分值，按照得分多少确定考评等次。这种考评体系最大的优点是实现了管理的简易化，其缺点是侧重于任务和工作面上的客观因素，对人的主观因素没有可行的考核措施。从"无""有"两元论来分析，现有的考评指标以"有"的一元为主，多是任务的目标、数量、增长和工作进展等客观实体，对"无"的一元缺失，抹杀了工作中最重要的人的情感因素和艺术因素，把考核对象的情感、艺术等不能量化的精神层面的东西简单化或者省略掉了。

UNIT THIRD
道的评价体系

　　一种思想的价值在于对社会上的人和事物的发展具有指导作用，其发挥作用的着力点在于人们的价值观，其作用方式是建立一种对人和事物的评价体系。

　　本单元主要讲述老子"道"的角度下的社会评价体系。老子"道"的评价体系与传统的儒家评价体系有着本质的区别。传统的"圣智""仁义""巧利"等评价结果的实质是以人的利益为参照系的，不是对事物本质的追求。老子的"道"是以"见素抱朴"为标准的认知体系，其核心是本质，也就是规律。传统儒家思想学说建立的是一个以人的利益为参照物，以某一特定人群为参照点的评价体系，是一个相对静态的评价方法。老子的"道"是以规律为参照物，以衡量人和事物在不同的发展阶段是否符合其发展规律为参照点的评价体系，是一个动态的评价方法。

　　在社会认识和评价体系混乱时期，老子自我认为不能混同于大众的迷惑，要坚守自我的信仰。因为老子的"道"是发现事物的"精、真、信"的本质的方法，坚守此"道"可以应对复杂的社会变化，"诚全而归之"保全、成全自我。老子认为维系关系的根本在于"信"，对"道"的思想理论也要以"信"，防止从道"不终日"，才能从中受益，而且还要坚守"在道"的行为准则，忌余、赘，这是一个"度"的问题。

　　老子指出"道"不是其自我杜撰的理论，"道"先天地而生，与天地人并称四大，是"天、地、人"发展遵从的共同规律。事物发展遵从归根守静的规律，这也是认识人的发展规律和处理人际关系的理论基础。在遵从"道"的过程中，需要坚持的行为标准是"无弃"——"无弃人""无弃物"。所以"在道"的思想行为标准是：在内讲究"度"，对外讲究"无弃"。

第十九章

以利益取向为坐标的社会评价体系

绝圣弃智,民利百倍;绝仁弃义,民复孝慈;绝巧弃利,盗贼无有。此三者,以为文,不足。故令有所属:见素抱朴,少私寡欲,绝学无忧。

导读:

上一章节提及"道"的价值体系缺失问题,从本章节开始,老子主要讲述"道"的价值体系建设问题。

"道"作为一门研究人与社会关系的学问,不可避免地遇到了人在价值上的评价问题。人的价值是社会对人的综合评价,评价需要确定一个标准和参照系,价值标准和参照物的选择,影响到最终的评价结果。所以选择一个相对不变的参照物,确定一个有明确标准的评价体系,是评价的核心问题。本章节要从人的价值评价参照系的角度理解,才能体会老子的本意,否则会认为本节内容与传统的价值观相背,造成理解上的困惑。在中国古代,皇权的利益是最高价值,就是忠,参照系是臣民对皇权的利益。儒家的仁、义也是以对人的利益为参照的,这种以对一定个人或群体的利益为标准制定的人的评价标准是不客观的。这就是老子思想与其他学派最重要的区别,也是老子的思想核心。

把公众利益作为标准,看似很好,可是公众利益似乎也没有固定标准,界定哪些真正是公众的共同需求也是个大问题。因为公众中就有一些人除了"吃"以外,的确不知道自己真正需要什么,这也是大众最容易引导的原因,根源在于人们没有建立属于自我的正确的评价标准,所以自我没有判别,别人说什么就听什么、就信什么,叫干什么就干什么。老子的评价标准没有把与"人"有关的东西作为参照物,而是把人和自然的发展规律作为参照物。

在以对人的利益取向为参照的价值体系下,一部分走向仁、义的务虚取向,追求在精神上的真正的仁、义；另一部分在仁、义掩盖下，谋求真实的物质利益。所以，其最终结果常常表现为谋利益害人，取仁义伤己。

解读：

此章节需从"此三者，以为文，不足"开始解读。"文"，本意指人的文身，在此引申为把人进行标记分类的意思。"此三者，以为文，不足"，意思为用这三个词汇作为对人进行标记分类的标准，是不全面的。

在古今中外，几乎所有的哲学、宗教、心理学都把人的追求和欲望作为思想调节的理论重点进行研究。国外有人把欲望分成五个层次。老子把欲望分成两大类：一类是身体器官正常功能带来的欲望，是本能的反映，有正常需求的反映，也有过度需求的反映。在第十二章，老子指出了人对色、音、味的需求，同时也指出过度追求五色、五音、五味会影响人的正常行为；另一类是人的主体思想的欲望，对名和利的追求，是本能的延伸。

为了满足欲望，人们在生产、生活中有了不同的思想和行为表现，集中体现在对思想和物质的追求上。为了规范和约束人的思想和行为，人类社会逐步建立起一个维护社会发展和稳定的社会价值评价体系。在本章，老子列举了三种对当时人们生产、生活和社会关系影响最大的价值取向：圣智、仁义、巧利。这也是当时社会对人的价值进行标记分类的结果。

圣智、仁义是几千年来统治阶层和儒家共同打造的思想行为取向，几乎成为人们价值观的最终目标导向。"圣智""仁义"为儒家所推崇，而为老子所异议。最可悲的就是"巧利"，竟然被儒家和老子双双抛弃。

第一点，"圣智"没有严格、科学、规范的认定标准。没有标准就难以界定和衡量，哪是"圣"？哪是"智"？可以说是仁者见仁、智者见智，各有各的见解，各有各的不同，所以现实中"仁义"受人的思想认识水平制约，容易被误导、误用。历史和现实生活中，人们确实难以找到圣智的范本，即使找出一两个圣智人物，他们的行为和思想也不能被人们学习和复制，难以再现。人们往往以成就事业的大小和谋取财利的多少作为认定"圣智"的标准，而后来有的道家人物又以"功成事遂"之后保全身家性命为最高智慧。老子关于"道"的观点是"道"可以指导万物，是共性的东西，是不变的规律性，不能被人们去遵照实践的东西就是假的。

第二点，"仁义"的标准以利益为核心。从仁义的导向结果来看，仁义强调的是人的付出和贡献，是对他人的主动付出或无私奉献。读《论语》之时，经常对"仁"有困惑。孔子的学生经常问"仁"，孔子曰"不知其仁"，孔子三千弟子近"仁"者好像不多，似乎只有颜回一人而已，而且早早死掉了。孔子之"仁"似乎很难做到，也很难理解。

孔子之"仁"与老子的"德"对比可以更好地理解。"玄德"是人无意识的、自然的思想状态和行为总和，与"德"相比，"仁"被强加上一点个人的主观色彩，有点个人强行修为向"道"的意思。因为加上了人的主观修养，所以"仁"比起"德"来就低了一个层次。这就是为什么"德"好理解而"仁"不好理解的原因。

相比"仁"而言，"义"就好理解了，意思单纯多了。"义"多强调为了维护公平正义而付出，不重个人收益而侧重于社会效果，也与人的思想认识境界无关，与人的高低贵贱无关，只要做到了就是"义"，什么人都能做到，所以更具有实践性、欺骗性和鼓动性。所以，在大众利益面前，仁义思想对人们的思想行为具有一定的约束力，仁义经常被别有用心之人用来作为绑架人们思想的暴力工具。历史上经常有人举着仁义的旗帜，用仁义、为公的思想裹胁、迷惑人们，这种思想暴力如同病毒一样蔓延，逐步侵蚀了人们本来纯洁的心灵，至今打着仁义幌子做事的人还是层出不穷。当然，发自个人内心的对于外在事物的尊重和爱待是"德"，而不是仁义。如果有人内心真正做到了关爱自然与社会，没有功利心，没有私求，那么恭喜，你已经达到了"德"的境界，是有德之人，而不是低一级的仁义。

传统的儒家、史学家为人们描绘出了许多英雄典范人物、智慧人物和伟大人物，并且作为一种价值取向在群众中宣传标榜。这种行为通过思想家和政治家的联姻，以政治活动为载体，在圣智、仁义的大旗下，在历史中、在人群中形成了一种莫名的导向作用。然而，多数人最终没有成为真正的圣智、仁义之人，仅仅在这一过程中收获了几多名利，收获了更多的空虚和迷惑。

老子看到，很少有人真正地潜心在逐仁求义的过程中思考生命的本质，大多偏离了道的要求。因为圣智、仁义的价值观及其实践过程，并不能真正影响到社会发展的进程。老子认为，"道"是不以人的意志为转移的，人类的思想行为丝毫不能干扰社会进步的规律，过度的不当的行为反而会影响人的正常发展状态，危害到人类自身的生存现状。

然而，在历史中常常会有这样的圣智、仁义人物，自以为找到了人类和社会发展的光明大道，针对当时社会现实弊端，迎合人们的需求，打着圣智、仁义的大旗，聚集信徒，暴力争取，演出了一幕幕历史惨剧，虽然不能改变历史发展的进程，但是确确实实地决定了当时的历史状态，影响到时人的命运。所以，我们在学习历史的过程中，常常对某一个人物或历史节点发出倘若如何又会如何的感慨。社会发展规律不是圣智、仁义人物所能改变的，关于英雄人物对历史的作用，有许多官方论点可以查证，也被人们广泛认可，多与老子思想契合。现实中推崇圣智确实没有现实意义，往往会把一个一个普普通通的人推向神坛，让邪恶思想纵行，成为祸害人类的推手。

第三点，说一说被误解了的"巧利"。不同于"仁义"和"圣智"的是，"巧利"在中国传统文化思想中受到儒家和道家的合力声讨。逐巧求利中私心、私利成分居多，因为私味太浓而为各个思想学派所不齿。私心私利是大家公认要绝弃的丑恶思想，流传的文章中很少有对私心私欲给予充分肯定的，很少有人说私是正确和提倡的，因为公开说私就是找死。其实巧和利是最接近事物的本质的东西。

从巧诈私利的角度来说，绝弃巧利似无不妥之处。但是儒道两家未得真传的后学人并没有从虚实两方面完全领会巧利的含义，对所有的巧利思想和行为一概给予严厉打击，违背了老子关于无为和无恃的训导，给中华民族留下了深深的叹息！

从"巧"方面来说，改变人类生产、生活方式的发明、创造意识和思想行为被儒家和老子以后的道家合力阉割了，最大的受害者是墨家学派。大家知道，墨家是以有知识的手工业（用现在的话来说就是工程技术行业）劳动者为主体的学术和思想流派。现在大家都知道工程技术行业对社会发展的重要性，最大的社会价值是适应社会分工的要求，通过技术进步和工程手段提高劳动生产率，用老子的话来说，就是达到"圣人常善救物，故无弃物"的标准。墨家如果只把他们的精力放在工程技术领域和学术研究上，那么中国历史可能真的会是另一个样子。可叹的是，后来儒家学说、黄老学派与皇权政治紧紧地走到了一起，在皇权的强势推动下，过于强势地发展壮大。中华民族的工程技术只能默默地在儒家思想指导下有选择地发展，务实重利精神萎蔫了两千年。从汉代以后，伟大的中华民族一直瘸着一条腿成为世界文明的领跑者，并且一直领先到了18

世纪。

圣智、仁义以公利掩盖了私利，而巧利之中包含了太过直白的私和欲，不符合"道"的要求。所以，老子的评价标准没有把"人"作为参照物，而是把发展规律作为参照物。老子提出，"故令有所属：见素抱朴，少私寡欲，绝学无忧"。"见素抱朴"，就是尊重本质，坚守规律，把事物的本质规律作为认定价值的坐标参照物。

"绝学无忧"的理解是，要防止有些人胡思乱想，弄出一些乱七八糟的学术思想干扰人们对事物本质规律的认识，在学术上要从弃绝利益角度对这三种思想进一步研究，这样就不会干扰人们的正常思想。我们现在的思想学术工作不是要进行新的学术思想体系的研究，而是要逐步纠正、消除素朴之外的思想杂说，让原本素朴的思想重新回归人类的头脑。

第二十章

价值体系失准下的个人选择

唯之与阿，相去几何？美之与恶，相去若何？人之所畏，不可不畏。荒兮，其未央哉！众人熙熙，如享太牢，如春登台。我独泊兮，其未兆。沌（dùn）沌兮，如婴儿之未孩。儡（lěi）儡兮，若无所归。众人皆有余，而我独若遗，我愚人之心也哉。俗人昭昭，我独昏昏。俗人察察，我独闷闷。澹兮其若海，飂（liù）兮若无止。众人皆有以，我独顽似鄙。我独异于人，而贵食母。

导读：

圣智、仁义、巧利横行，大道废，是价值体系参照物选择上的错误，偏离了尊重发展规律的轴线，让人类社会的发展走了弯路，导致社会关系出现了不和谐的状态。老子对此忧心忡忡，只有"独昏昏，独闷闷"。

价值体系失准的社会关系和社会发展状态下，老子是怎样做的呢？

解读：

读此章节，眼前浮起一个目光呆滞的老头形象，步履蹒跚，念念有词："俗人昭昭，我独昏昏。俗人察察，我独闷闷。"《老子》共八十一章，本章文字是较多的一章，而理论和令人发聩之言不多，一整段牢骚话。

从这段牢骚话中，我们可以感受到老子的思想在当时并不为主流人士所认同，老子的"无为"思想为学者、士人所拒绝。第十九章提出的绝圣弃智、绝仁弃义思想至今不少人也难以认同。老子以后的历史时段进入百家争鸣时期，社会思变，各类思潮涌动，学者、士人到处游说讲道，宣传自己的主张，扬名立万、成就一番功业是社会主流人士的欲望，哪一个会赞同老子"无为"的主张呢？

可见，当时老子的思想是孤单的，他甚至找不到跟他学习的徒弟，最后老子的人生结局也无人可知，只留下骑青牛西去的传说。据说老子五千言能留存于世，还要得益于一个叫尹喜的守门人。事情的真假尚不可知，但老子的孤单是可以让人感受到的。老子发出感叹和感慨是可以理解的。可是老子更应感叹的不是他的思想不为世人所知，而是他的思想被人曲解，被人断章取义或进行肢解之后用之于世。

很少有人把老子的思想用在探索万物之道和用于建立完善事物的认知体系上。古往今来，学老子者，求功成之道者多，以"曲求全、枉求直"之术为真正之道。特别是一些儒家人士，再佐以道家谋术，这世间就多了一些大伪大奸之人，成就了很多的伪君子，更淹没了许多真圣人。

"澹兮其若海，飂兮若无止"，老子更为感叹和无耐的是，这种价值迷茫的社会状态如大海的波浪一样一波未平一波又起，又如耳边的风声一样似乎没有停止的时候。浪又起，风不止，所以，老子发出了"我独异于人，而贵食母"的感慨。苍天呀！只有我不同于这些在认知上迷失了方向的人，坚持追求事物的本质，一直遵循发展的规律。是呀，两千多年了，又有多少人能真正懂得老子呢？

第二十一章

道的特性和价值

孔德之容,惟道是从。道之为物,惟恍惟惚。惚兮恍兮,其中有象;恍兮惚兮,其中有物。窈兮冥兮,其中有精;其精甚真,其中有信。自古及今,其名不去,以阅众甫。吾何以知众甫之状哉?以此。

导读:

在前文几个章节里,老子对当时社会流行的价值取向和行为一一进行了解释,圣智、仁义、巧利等,都是干扰社会发展的东西,统统要不得。这也不行,那也不行,就你老子的"道"是个好东西,"道"到底是什么样子呢?

在本章节,老子主要从"实"和"虚"两个角度来帮助人们理解"道"的特性和价值。

解读:

"孔德之容,惟道是从"——老子认为,不论哪种事物表现出怎样的形态,处于什么样的状态,都是遵从道的,万变不离其宗,这都是道的本质决定的。想用具体的事物和语言来描述"道"是不可能说清楚的,"道"给人的感觉是"惟恍惟惚、惚兮恍兮"。

"道之为物"——从实的具体形象角度来说,总体感觉就是恍恍惚惚,虽然不清楚,但是其中有具体形象和状态;从虚的认识角度来理解,总体上感觉深远、幽静、深奥,其中有构成万物的精气,这种精气是事物的本性,是可以信赖和可靠的东西。

所以,"道"虽然难以表达,却是以物的形式真实存在的,有物有象。"道"作为真实存在的物质,具备三个主要特性:

一是精，精气，要从构成物体的基本物质的角度来理解。

二是真，本体、本元，要从内在本质角度来理解。

三是信，诚实、可信，要从对外关系的角度来理解。

老子的本意是告诉我们，道，虽然说不清楚、说不明白，但真实地存在，具有精、真、信的特点。

正是因为道具备了精、真、信的特性，所以，道才具有了"以阅众甫"的价值。从这一层面上来理解，道就是用来认识事物发展规律的工具。甫，"刚刚"的意思，引申为事物的开始。

道是认识事物的工具，可是，怎么样使用好这个工具呢？

第二十二章

应对复杂的社会变化

曲则全，枉则直；洼则盈，敝则新；少则得，多则惑。是以圣人抱一为天下式。不自见，故明；不自是，故彰；不自伐，故有功；不自矜，故长。夫惟不争，故天下莫能与之争。古之所谓曲则全者，岂虚言哉！诚全而归之。

导读：
上一节，我们知道了"道""以阅众甫"，可以知晓事物的发展规律，是认识事物发展变化的工具，这才是"道"的真正价值。事物发展变化的过程是阶段性的，有起点，有终点，起点有起点的状态，终点有终点的特征。从起点到终点的过程，无论经历多么长的时间，无论经历多么复杂的变化，无论受到什么样的干扰，只要事物的本体没有受到伤害，事物向最终归宿发展的方向是不变的，变化的只是与其他事物的关系。

如何应对变化？如何处理关系？从本节开始，老子逐一为我们解答。

解读：
自然世界的事物存在曲直、洼盈、新旧、多少的变化，这种变化是真实存在的，由多到少、由新到旧的变化是动态的。人们要从事物的变化中发现其基本规律和特征，认识到事物发展是永远变化的不变性，认清变化的规律性和变化趋向的两极性。在复杂的人类社会活动中，更要尊重发展规律，坚持按规律做事。

老子以事喻人，提出了应对世间百态变化的思想理念——"不争"。其具体内涵表现在四个方面，"不自见、不自是、不自伐、不自矜"。

为了解释"不争"的具体内容，老子列举了"曲则全、枉则直、洼则盈、敝则新、少则得、多则惑"六种变化表现，同时解释了这种变化对人或相关事物的影响。老子以事物变化喻人世百态，描述生动形象，说理简捷易懂，以此指导人们理解"不争"的内涵，掌握应对各种变化之道。

"曲则全"，重压之下只有顺力的方向变化，转变形态和存在的方式，否则可能被压碎或折断。"枉则直"，委曲求全。"洼则盈"，低洼才有承载的空间。"敝则新"，新陈代谢，破旧立新。"少则得，多则惑"，缺少才有多得的欲望，得到了并不一定具备掌控的能力，因此迷惑。

对于人来说，如果用一个词来总结"曲、枉、洼、敝、少"的内涵，就是"不争"，主要用来形容一个人应对外在事物变化的心态。表现在对外力不争，以曲、枉相待；对自身处境不争，处于洼地，有承载的空间；对自身现状不争，以敝求新，以少求得。最后都有一个好的结果——"全、直、盈、新、得"，取得这些结果的原因都在于有一个"不争"的态度。"多"就不同了。人的能力、精力和承受能力是有限度的，不宜贪多，多就有惑了，这是争的后果。比如在学习上，人的精力有限，专攻一门专业成绩会更好一点。

通过对"曲则全、枉则直、洼则盈、敝则新、少则得、多则惑"六个方面的解读，我们可以理解不争与无为的区别：

"不争"，强调人的内在修养，是纯正的个人内在思想境界。

"无为"，侧重人对外的影响，强调个人的思想、意识、行为对外界的影响，其结果是没有改变他人和事物发展的轨迹。

"不自见、不自是、不自伐、不自矜"也是自我修行的标准。修行在自我，德行照他人，一个加强自我修养的人，如同光明自然普照他人，如同兰花，近者闻其香。

"夫惟不争，故天下莫能与之争"，不争名、不争利、不居功、不张扬。其实质是不争事物发展变化已经过去的那一点、那一刻，不停留于名利功成的过去时。功成事遂，成功了，也就过去了，结束了，身心也该彻底地放下。

所以，"争"的实质是争历史之旧业，"不争"的内涵在于争未来之新生。

第二十三章

维系关系的根本要素

希言自然。故飘风不终朝，骤雨不终日。孰为此者？天地。天地尚不能久，而况于人乎？故从事于道者，同于道；德者，同于德；失者，同于失。同于道者，道亦乐得之；同于德者，德亦乐得之；同于失者，失亦乐得之；信不足焉，有不信焉。

导读：

上一节，老子从个体的角度，讲述了要以"不争"应对万变，在变化中坚守并遵从不变的规律，才能不偏离事物发展轨道，个体的内涵是决定其能否到达生命进程最终归宿的基础。

然而，无论是自然界还是人类社会，任何个体都不是完全独立的个体，或多或少要与外界其他事物发生各种各样的关系。在不同时间段里，个体与外部事物的关系决定了个体的生存和发展状态。

本章节，老子主要论述个体与外部事物关系的决定性要素——信。

解读：

以事喻理是老子的主要论述方法，本章节老子还是用大家熟知又认可的自然现象起文。古代人们最认可信服的就是"天、地"，以天地论事是不需要佐证的。就自然现象而言，刮风、下雨是"天地"的自然行为，可是狂风没有刮一整天的，骤雨也没有下一整天的。由此反问，天地尚不能坚持长久地做一件事，更何况人呢？

这个问题问得好，答案好像是做不到。做不到的原因是什么呢？人在从事道的时候，能比天地更持久吗？

"故同于道者，道亦乐得之"，从事于道的人，其内心也随从于道，信任道，道也乐于满足他的心愿。"同"，在这里是跟从之意。"得"，为满足的意思。

同理，"同于德者，德亦乐得之；同于失者，失亦乐得之"，跟从德，德就满足他，跟从失，失就满足他。山东鲁南地区农村有句谚语"跟好人沾光、跟野猫子挨枪"说的也是这个道理。

其原理在于一个"信"字，信者才能得。"信不足焉，有不信焉。"个体对外界事物以"信"相待，外界事物将以"信"来回馈个体。对外"信"的不足、不真、不长久，得来的结果必然是不"信"。

"信"是双向的，是交往双方的信任、信赖。一方对另一方单向的信赖是"同"，是跟从。

"信"是相互的，如力与反作用力的原理一样。人与人，人与物，人对事理和规律的信任也与力的作用是一样的，双方"信"的程度也是一致的，一方"信"的不足必定会导致对方"信"的缺失，"信不足，有不信"。"信"涉及两个层面：

一是人与人之间的关系，人际和社会关系层面，"信"也是维持相互关系的根本要素，"信"是人际交往的原则。

二是人与思想理念，人对一种思想、理念、理论的信仰层面。绝大多数人都是在某种理念或理论指导下进行思想或行为的，这种理论或者是宗教的，或者是自然科学的，或者是社会科学领域的。只有对这种理念坚定信任并坚决遵从的人，才能在这一领域取得突出的成就。

本章节，老子侧重于讲述对"道"的信仰，其表达的意思是，对从"道"者来说，遵从"道"必须坚持"抱一"的态度，不仅跟从，更要信任。如狂风、骤雨一样，对"道"短时地、狂热地跟从，是不会从"道"中受益的。

第二十四章

在道者的思想行为准则

跂者不立,跨者不行。自见者不明,自是者不彰,自伐者无功,自矜者不长。其在道也,曰:"余食赘行,物或恶之。"故有道者不处。

导读:

上节讲到,"同于道者,道亦乐得之",归结于"信"。此时,真正愿意遵从于道者开始坚定了对"道"的信任,建立了"道"的信仰,下定决心在认识、思想、行为上真正遵从"道",成为一个"在道者"。

本章节,老子主要讲述"在道者"的思想行为准则——有"度",忌余、赘,用以指导"在道者"日常的生产和生活实践活动。

解读:

从人的行为上,老子以"跂者不立,跨者不行"为证。"跂者不立,跨者不行"在本章节有一个引起和比喻的作用。生动的比喻不仅让人们好理解,也增强了文章的动感。《老子》的理论说教味道非常浓,一味地说教是招人烦的,老子很注意这一点。老子说:我们来看一个事实,站立的时候,跷起脚后跟,用脚尖着地是坚持不了多久的;走路的时候,大步快跑是走不了多远的。脚尖站立、大跨步走不是正常的行为状态,超过了正常人站立和行走的标准,行为过度了。

从人的思想理念上,老子再次提及"自见、自是、自伐、自矜"。"伐""矜"都有夸耀的意思,"伐"更侧重于对功绩的夸耀,"矜"可以指多方面的夸耀。太过强调自己是正确的,会湮没他的功绩;自我夸耀的事,不会成为他的功绩,自己感到很酷,后果很严重。

"自见、自是、自伐、自矜",任何人身居其一,都能说明这个人具有鲜明的特点和个性，具有极端自我认识和超常的心态。《老子》第九章节讲到了事物的极限性，也就是"度"的问题，可以从"度"的层面来理解这四种行为：

一是外界接受的限度。超出了外界人们的心理接受程度，必然导致外界对其本体的非正常反应，危及本体。

二是本体能力的限度。本体自我能力有局限，对外部影响的承受能力有限。外界对个体过度的行为必然有相对的反应，这种反应是对个体的反作用力。老子以"余食赘行"形容过度的思想行为。

"余、赘"，多余，过度。"余食"指多余的或剩余的食物，多出、超过正常食量的食物不能充分发挥其价值，特别是吃剩余的东西不仅没用，而且让人恶之；"赘行"，画蛇添足的行为毫无用处，也是讨厌。

所以，老子对"在道者"的行为和思想提出了类似禁忌的要求：余食赘行，物或恶之，有道者不处。具体怎么做，自己想想吧。

第二十五章

道的来头

有物混成，先天地生。寂兮寥兮，独立而不改，周行而不殆，可以为天下母。吾不知其名，字之曰道，强为之名曰大。大曰逝，逝曰远，远曰反。故道大，天大，地大，人亦大。域中有四大，而人居其一焉。人法地，地法天，天法道，道法自然。

导读：

到此为止，老子讲完了"道"的定义、特征、价值，以及对在道者思想行为的要求和注意要点。在此，有人可能会思考，老子的"道"很有价值，对"在道者"的要求也不算太高，"道"的这些理论要点基础是什么？源于什么？"道"的出处是什么？类似于弄清人的出身。

中国人有一个思想：来路不明，出身不正。思想理论也是如此，所以老子也要给自己的"道"找出一个高贵的出身。

解读：

为了说明"道"出身正统，来路正大光明，老子搬出了"天""地"这两大靠山，而且指出"先天地生，独立而不改，周行而不殆，可以为天下母"，包含天地发展和运行的原理。

中国从远古时期就发现人类的生存与天地运行规律相通，在远古神化时期就产生了天、地、人"三才"思想。后来的《易经》把人们对人类、天地运行、万物生长的规律的认识进行了总结提升，并把人的命运同天地变化结合在一起，作为指导人与自然和谐相处的准则，其中的道理早已被当时社会广泛认同。基于"三才"关系被人们认可的事实，老子说，"道"先天地而生，并有其独立不变的运行规律，并勉强取了个大名叫"道"，还有一个乳名叫"大"，并且具有"逝、远、反"的特点。因为天大、地大、人也大，现在道也大，老子在此指出天下有四大。四大之间的关系是人法地、地法天、天法道，道法自然。道是天地人发展的规则、模式和标准。老子为自己的"道"找到了一个高贵完美的出身。

在提出"道"先天地而生的同时，老子阐述了"道"的内涵以及与自然的关系。

"大、逝、远、反"是"道"主导事物发展规律的真实内涵。大，大到无所不包，包含万物；逝，包含从生长到死亡、存在与消失的过程；远，远见，引申可理解为事物发展的方向、趋向；反，有两种理解，一是返归事物本源，二是事物发展的另一极。

"道法自然"，"道"是对自然万物的认识、总结和升华，其理论来源是自然万物生发的现象。《老子》的绝大多数章节都从自然现象说起，并把这些自然现象的规律上升为认识哲理层面。所以老子的"道"是源于自然地认知万物的认识方法和工具。

第二十六章

事物的内在根本

重为轻根,静为躁君。是以圣人终日行不离辎重,虽有荣观,燕处超然。奈何万乘之主,而以身轻天下?轻则失根,躁则失君。

导读:

"有物混成,先天地生",道也是物质的,所以"有、无"两元认识方法同样适用于"道"。

"有之以为利,无之以为用",本章主要从"无"的角度来认识"道"对于人和事物的"用"的影响,讲述"无"决定了"道"的功能原理,也就是"道"之用——"道"的本体的功能。

解读:

"道"之"无"是"重""静",重和静是事物本源的内在表现。轻、重、静、动是世界万物的状态。

"重"是事物内涵充实的表现,物的"无"也就是内在空间充实则质量更大,表现为重。

"静"是事物的本源状态,躁是事物正在发生改变的状态。静止和运动用来表示物质的相对运动状态。静是事物生长发育的本源,比如种子萌发前是静的状态,发芽、生长、开花、结果是发展的过程,最终的果实也就是结果又回归种子的状态,回归到静。"道"的功能是支配事物发展,决定事物由"静"到"静"的变化过程。

人之"无"主要表现为思想意识,思想意识的水平决定了人的功能价值。人的思想要符合发展规律,意识要适度适时,当动则动,当静则静,决不躁动,所以人的内在思想充实，则行为表现为稳、重。

"重为轻根"，内在之"重"决定了事物变化过程之"轻"，没有内在的"重"，也就没有外在变化的物质基础，也就没有外在丰富多彩的变化之"轻"，难以"燕处超然"。

"静为躁君"，"躁"就是动，指没有规律的动，躁动；"静"主宰了事物的变化，静中孕育着变化，是静中有动，不符合发展规律的变化就是躁动。种子萌发的过程看似静，其实是内含生长的有规律的动。当然种子受到辐射等外在作用时会产生变异，改变了原本的生长规律，就不再是原来的物质了，就是躁动。对人来说，"重"，表现为外在的言谈举止稳重，"轻"，表现为语言行为的轻浮和空虚。人的"重"和"轻"是思想内涵决定的。

事物的本性是其"无"的一元决定的，"道"的功能就是保证事物不失根本，"重""静"是"道"的根本，这是老子从自然现象中总结出来的经验，并升华为认识万物的规律。

处重就静，戒骄戒躁，是从"道"的根本，老子关于"道"的所有理论都是基于"虚静归根"的原理。

在社会生活中，太过平静的生活往往孕育着重大的变化。长期的太平掩盖着社会矛盾的变化，如果在太平时期不注重社会的改革，不及时以小的调整来缓冲社会利益群体间的矛盾，必然会导致社会各界对重大变革的需求冲动，酝酿社会动荡的隐患，不改革，就革命。不断地适应社会发展需求的改革是社会管理中的重要内容之一。保守和守旧是改革的起因，也是改革最大的阻碍，当改革难以为继时，往往是革命爆发的时候。"革命"属躁，并非推动社会进步的常规措施，只是根除社会顽固性障碍的不得已手段。

第二十七章

外在的认定标准

善行，无辙迹；善言，无瑕谪；善数，不用筹策；善闭，无关楗（jiàn）而不可开；善结，无绳约而不可解。是以圣人常善救人，故无弃人；常善救物，故无弃物。是谓袭明。故善人者，不善人之师；不善人者，善人之资。不贵其师，不爱其资，虽智大迷。是谓要妙。

导读：

"道"在内、在"无"是"重"和"静"，在人的方面体现为思想意识稳重、沉静。道在外、在"有"是什么呢？在人的方面主要体现在对人和自然事物的处置上。在本章节，老子主要讲述如何评价一个人的行为是否符合"道"的要求，也就是道的外在评价标准。

解读：

老子以五个平时生活中常用的技能为例子，让人们对全圣至善之人的日常行为举止和能力有个初步的印象，这些都是圣人遵从道的现实表现。人类的社会活动对象要么是人要么是物，社会行为的结果是否符合"道"的要求，其判定的落脚点就是行为的对象——人或物，其认定标准是行为对人或物的效果。老子指出了一个重要标准——无弃。主要表现在两个方面：

一是无弃人，善救人，是行为对人的影响层面，大体意思是要做到人尽其才。管理学、关系学、心理学、哲学、宗教等多侧重于研究人的思想，把研究的重点放在引导人们树立正确的人生观、价值观、世界观上，以充分调动人的积极性和主观能动性，建立人与人、人与自然、人与社会之间和谐的关系，让人在生产生活中发挥出最大、最优的作用。从人的角度来讲，最大限度地发挥人的作用才是符合"道"的，限制人的本能和能力的做法都是不符合"道"的，体现了"道"的自由观和发展观。

二是无弃物，善救物，是行为对物的影响层面，要求做到物尽其用。现在正被社会广泛提倡的节能、环保、低碳的生产生活方式，都是属于救物的范畴。所以，最大限度地发挥物的作用才是符合"道"的。

道是万物的道，万物皆有道，道道各不同。在道的理论中，认定是否符合"道"的外在标准就是"无弃"——无弃人、无弃物。

所有的人和事物都有其存在的价值，没有废物和废人之说。认识到这一点就是"袭明"。"袭"是"披着"的意思。袭明的意思是，认识到这一点，人如同披上"明白四达"的外衣一样的装备，可以看透对人对物的真正道理。

"无弃人、无弃物"，内涵深刻，有很好的现实意义，应当作为社会管理和生产生活中的准则。对待人与物的态度，核心是"不弃"。现实中，不论敌、友，不分贵贱和善恶，都有值得学习、借鉴的地方，都要给予应有的"尊"和"重"，并以之为自我修养、学习的对象和资本。老子说，这才是"在道"的最精深微妙之处，是"要妙"。

延伸：

现代有人给国人扣上了一顶信仰缺失的大帽子。其实中国人的信仰是非常明确而坚定的，只是人们习以为常，没有发现和总结而已。早在《易经》时期，遵循规律早成为中华祖先思考和处理问题的主导思想，这种以规律指导人生的意识早已深深地印到了华夏儿女的骨子里，规律是中国人内在的信仰。现实生活中，每个人都在不断地总结自己的人生规律，把自己对外界感受的喜怒哀乐化为经验和规律，以此指导自我的人生旅途。所以中国人对自己总结出来的人生经验和规律是坚信不移的，这就是中国人信仰规律的佐证。信仰自己总结的规律是中国人之幸，然而可悲的是，很多人在衡量自我总结的规律是正道还是歪道时，用错了评价标准，不以规律是否符合自由、发展、和谐的大道为标准，而是以是否符合自我的利益需求为标准。总结规律是"道"的认知体系要求，而以利益为衡量标准则脱离了"道"的评价体系。认知以"道"，而评价以"人"，认知标准和评价标准的双轨制，造成有些人对自己有利的规律就信，对自己不利的就弃。实质上中国人不是缺乏信仰，只是因为评价体系错位，信任和执行任何思想体系中对自己有利的那部分规律。

UNIT FOURTH
社会管理学概要

  人是社会关系中的人,指导人们正确处理社会关系是"道"的主要内容。人际关系中最主要的是群体内部的关系,首要的是主要管理者与被管理者之间的关系。主要管理者的基本素养决定了群体关系的状态。影响社会状态的主要管理关系就是统治者管理被统治者的关系,老子先后论述了"圣人"(有"道"国君)、"佐人者"(国家主要管理层)和"用兵者"(军事主官)三个层面的管理之道。

  管理的要点是"始制有名",也就是岗位管理,做到每个人有位、有责。胜任岗位的基本素质是知人、自知、胜人、自胜、知足、强行。一个合格的管理者必须具备大局观,从"道"的全局分析认识事物,认识自我对管理的决定性作用。"万物恃之以生而不辞",即有担当,"衣被万物而不为主",即关注全面、不遗细节,这样,才能"万物归焉而不为主",具有自然而然的权威性。

  管理的秘诀在于"柔弱胜刚强",有方法,明白"鱼不可脱于渊",管理权限在本单位,掌握"国之利器不可以示人",在于规则的制定权和使用权。

第二十八章

领导者的基本素养

知其雄，守其雌，为天下豀。为天下豀，常德不离，复归于婴儿。知其白，守其黑，为天下式。为天下式，常德不忒，复归于无极。知其荣，守其辱，为天下谷。为天下谷，常德乃足，复归于朴。朴散则为器，圣人用之，则为官长。故大制不割。

导读：

社会管理的核心是管理层，也就是领导者，管理之难不在被管理者，在于管理者本身。天下没有不好管理的人，只有不会管理的管理者。本章老子主要讲述管理者应当具备的基本素养。

解读：

老子从四个层面论述"圣人"，也就指出了管理者必须具备的四种基本素质：

一是守其雌。主要指内部的关系处理。一个群体中，主要管理者身居高位，是绝对的雄强者，为雄，居上，被管理者为雌，居下。雄与众雌都是群体中的一员，本质上是一样的。雄与雌、上与下是对比的结果，是在群体内部对比的结果，离开本群体就失去其意义和价值。所以要"守其雌"，保持自我与被管理者的整体性，才能体现其雄强的本质。还可以从两方面理解：雄只是本单位的雄，离开了本单位就什么都不是了；雄也不要在本单位"雄"，否则会被众雌否定。

二是守其黑。主要指群体的发展状态。发展具有阶段性，不同阶段有不同的任务目标和工作重点，也有不同的困难和问题。作为主要领导者，不仅要明确未来发展目标，知其白，更要勇于承担并解决当前面临的困难和问题，守其黑，这才是其阶段性使命。

三是守其辱。主要指利益的分配。用"吃苦在前享受在后"来理解这句话就很贴切。

四是朴散为器。侧重于管理制度层面，指责任和义务落实到每个人。名利分配有法可依，责任义务有章可循，管理者以身作则，被管理者则莫不遵守。

从这四个方面我们可以体会到，一个管理者必须具备的四种素质：一是协调关系的能力；二是解决困难和创新发展的意识；三是平衡利益的观念；四是规范有序的制度。这四个方面集中到管理者身上其实就是一个实质性问题：德。

婴儿，指生命之初；无极，指真理之源；朴，指本质的真实质朴。

"常德不离、常德不忒、常德乃足、复归于朴"，人是德之载体，有德才有人之"用"，才能发挥人的社会价值。人的身体为实，属"有"，德为虚，属"无"，有生于无，所以在道者内有"德"，才能发挥善救人、善救物、无弃的功用。也正是人的内心为"德"所充盈，才使人重新回到生命之初、真理之源和真实质朴的状态，也就是"常德乃足，复归于朴"。

"朴散则为器"指人最本色的思想行为落实到人的生活中的各个环节，任一行为都是其本质的体现，是发展规律的必然。

婴儿一般纯真、知晓天下真理、行为真实质朴、德泽世间万物是在道者的本色。一个具备这四大素质的管理者，就会实现"大制不割"的政治管理局面。在此，老子提出了"大制不割"的政治管理标准。

"大制"，就是合乎道的要求的管理制度。"不割"，就是不侵害、不伤害管理对象的根本利益，这也是老子提出的制定管理措施的基本准则。

第二十九—三十一章

天下管理权之争

第二十九章：
将欲取天下而为之，吾见其不得已。天下神器，不可为也。为者败之，执者失之。故物或行或随，或嘘或吹；或强或羸，或挫或隳（huī）。是以圣人去甚，去奢，去泰。

第三十章：
以道佐人主者，不以兵强天下。其事好还。师之所处，荆棘生焉。大军之后，必有凶年。善有果而矣，不敢以取强。果而勿矜，果而勿伐，果而勿骄，果而不得已，果而勿强。物壮则老，是谓不道，不道早已。

第三十一章：
夫唯兵者，不祥之器，物或恶之，故有道者不处。君子居则贵左，用兵则贵右。兵者，不祥之器，非君子之器，不得已而用之，恬淡为上。胜而不美，而美之者，是乐杀人。夫乐杀人者，则不可以得志于天下矣。吉事尚左，凶事尚右。偏将军居左，上将军居右。言以丧礼处之。杀人之众，以哀悲泣之，战胜，以丧礼处之。

导读：
这三章联起来解读最好。老子在第二十八章提出了"大制不割"的观点，表达了希望社会和百姓"复归于婴儿、复归于无极、复归于朴"，社会达到"大制不割"状态的理想。然而，理想和现实毕竟有很大的差距，老子深知"大制不割"的根源在于上层社会的管理者——天子、王侯和大夫们。所以，《老子》第二十九、三十、三十一三个章节分别讲解王侯之道、佐人者之道、用兵者之道，指出导致社会动荡失道的主要原因：源自王侯夺取天下神器的野心，源自佐人者——士大夫们以兵强天下为功业的贪欲，源自用兵者——将军们对胜而美之的追求。以此，劝导社会上层主流人士收敛过度的野心和贪欲。

解读：

一是王侯之道——"天下神器不可为"。老子劝说不要有取天下的想法。当时周天子在诸侯国中还具有一定的影响力，虽然个别诸侯不把周天子放在眼里，可是面上还是把他供在头顶上的。现实是诸侯强天子弱，欲取天下的诸侯从来就不乏其人。春秋五霸借天子之名兴兵讨伐之战时有发生。老子看到各诸侯的强势作为是天下动乱的原因，其"无为"思想首先是要制止争天下、夺神器的野心。因为这种野心是众乱之首，最要不得。

自尧舜以来，天下有德者居之的思想早已为整个社会认同。商汤征讨夏时"非台小子，敢行称乱！有夏多罪，天命殛之"，还冠冕堂皇地说不是我想这样胡乱做的，是他有罪，我代天讨伐他。时隔四百多年，商汤的后代子孙商纣王也面临了同样的命运，武王伐纣时作动员"今予发惟恭行天之罚"：我姬发恭敬地按上天的旨意来讨伐商纣了，这个后来者姬发争夺天下神器也是打着代天伐无道的旗号，不敢无理强夺。以武力取得天下的商家族是被武力灭亡的，夏、商两朝的命运如此雷同，绝非巧合。

所以，老子劝诫"天下神器，不可为也。为者败之，执者失之"。然而，不幸的是此后两千年的中华历史被老子言中了。自秦始皇武力统一六国到秦二世亡国，只有十几年的时间，汉高祖到王莽篡位历时 210 年，王莽仅在位 15 年，东汉历时 195 年，三国时期经 60 年动荡，两晋历时 155 年，此后十六国、南北朝是中华大地最为动荡的历史时期，历时将近 300 年。其实自三国时期以后，中华大地就没有平静过。

中华之乱起自始皇帝。皆因始皇帝强取六国，彻底粉碎了"天下有德者居之"的思想，唤醒了"王侯将相宁有种乎"的欲望和"男子汉大丈夫生当如是"的野心，破坏了"天下神器，不可为"这个最高的有关社会秩序的原则。

虽然，中华大地自隋以后出现了几次难得一见的大一统局面，但是没有一个王朝走出"为者败之，执者失之"的定律。每个王朝基本上遵循着三代而衰、偶有中兴，再三代而乱、最后至亡这一规律。其原因在于武力强取天下，非德者居之。

"故物或行或随，或嘘或吹；或强或羸，或挫或隳。是以圣人去甚，去奢，去泰"，是老子对王侯之流的告诫：万物的前后、急缓、强弱、安危都是自然本态，作为主要管理者不要有极端、奢侈、过分的作为，主要强调了一个"度"的问题。

二是佐人者之道——"善有果而矣"，其实就是政绩观的问题。达到目的就可以了，以道佐人主者，不以兵强天下。佐人者，很好理解，就是辅佐王侯的官僚士大夫，官僚士大夫阶层的价值观认为"功莫大于开疆扩土，富国强兵"。与其说是价值观，倒不如说是政绩观，因为官僚士大夫阶层总是需做出一点政绩给自己的主子看，以此作为自我争宠和进阶的资本。老子认为，以兵强天下的后果很严重，其"不道早已"，结果是必然消亡。老子苦口婆心地说，达到目的就行了，不要动兵强取。现实是佐人者的欲望太大，而受害者保存自我的原始本能也非常强大，不动武力还真达不到目标，所以回首历史，武力侵略、反抗外侮和反抗压迫是历史斗争事件的三大主题。不过老子后文还告诉我们，重兵强国，用兵亡国。自老子以后，古今中外的历史确实证明了这一点，曾经横行天下的几大帝国没有一个长存于天下，曾经创造的文明也只留下残垣断壁和一个个传说。

"物壮则老"是老子对佐人者提出的告诫，佐人者最大的问题在于重"果"，太过在意自己的政绩。"善有果而矣"，本来应当达到政治管理的目标就可以了，然而多数佐人者不以管理目标为取向而以扩大政绩为追求，往往做出过分的行为。"不道早已"，老子叹息现今的佐人者太过追求政绩，以管理目标为追求的人早已不存在了。

三是用兵者之道——"乐杀人者，不可得志于天下"。翻开中国的战将史，发动战争一方的主要军事将领几乎没有善终的结果，不是死于战场，就是战后被清算。回首几大名将，魏国主将庞涓伐齐死于乱箭；长平坑杀40万赵军的白起被秦昭王赐剑自刎；为刘邦打下汉天下的韩信被几个老女人用竹竿捅死。自隋唐以后，开国元勋和战将多遭君王杀戮，遇到贵族出身的赵匡胤还能喝一杯酒回家，遇到农民出身的朱元璋就惨了，人家直接改用大炮轰了。后人多感叹这些人没有遵守老子功成身退的教诲，其实，都没有在意"乐杀人者，不可得志于天下"的警言。

这三个章节指出了对社会危害最大的三件事。告诫人们，不争天下神器，不得已不用兵，用兵莫乐杀人。

第三十二章

岗位管理

道常无名，朴，虽小，天下莫能臣。侯王若能守之，万物将自宾。天地相合，以降甘露，民莫之令而自均。始制有名，名亦既有，夫亦将知止，知止可以不殆。譬道之在天下，犹川谷之于江海。

导读：

在中国古代，最大的功绩是开疆扩土，其次是治理有方，路不拾遗，国泰民安。前面三个章节老子讲完了治国与用兵，那么本章节就要讲怎样治民了，也就是管理。

治民比用兵的道理简单多了，说白了就是一个"臣"字，人民皆臣服，天下自治。怎么做到这一点呢，老子给出了一个要诀——"朴"。"朴，虽小，天下莫能臣"。没有什么东西能让"朴"臣服，所以谁能坚守"朴"，那么天下将会向谁臣服。"朴"的本意是本质、本色。本章节主要讲解"朴"在管理上的内涵。管理的实质是什么？其核心是以名定止，以止求进，以实现管理的有序性和目标性。

解读：

"朴"指本质，延伸可以理解为事物本来的面目。"民"也就是通常说的老百姓。

"朴"是什么？老子的解释是，"始制有名，名亦既有，夫亦将知止"，万物出现以后，各自的名分也就定了，名分定了以后，对于事物就知道哪些是自己该做的、该遵守的，这才是顺应"道"。所以"民"的"朴"就是民的"名"，也就是老百姓的本职岗位，坚守本职岗位，认真履行岗位职责，按规律规则做事，就如同江河入海那么自然了。

"侯王若能守之，万物将自宾"。侯王守"朴"，尽到侯王的本分和职责，老百姓和天下万物自然守"朴"，达到有名、知止的管理效果。从管理学的角度来理解，本章节主要讲述了全员岗位管理的内涵。在全员岗位管理上，名和止是两个重要的内容。

"名"，名称，名分。基本含义是万物都有一个名或字，用来描述和界定事物的特点和功能。在具体的社会管理中，设置的官职、岗位、级别等名称，是对其职能和待遇的界定。

"名"起到了定名、定性、定分的作用，有名才有分，其作用是界定了事物的功用和利益关系。这才是"名"的重要性所在。动植物和器具的名字好理解，提到哪个名字，我们都能想到具体的事物与之对应。提到一个人的名字，我们自然就能想到是谁，长相、特点、优点、缺点都能历历在目，如眼亲见。对人来讲，定"名"非常重要，人间的悲喜剧都是因名分引起的，不是为了争名分就是因为名不副实。比如，现实中不乏"小三"想扶正引起的闹剧。同样，在一个单位中，如果职位、职责不分不明，或者是领导者在工作、人事、利益的安排和分配上与有关人员的名分不符合，必然会导致管理的混乱。

"止"，名既有，与名有关的位置、名分、利益以及发展的方向也就确定了，明白且自觉遵守这一点，就是知止。自然事物还好说，到人这方面就出问题了。因为名分涉及自己的位置、职责、权益，随着环境、要素关系的变迁，特别是个人能力提升以后，一些人就会产生更改自己"名分"的强烈愿望，调整自己的发展预期，往往做出背道而驰的行为。现实中，不知名、不知所止的人太多了。

在《大学》中的"知止而后有定，定而后能静，静而后能安，安而后能虑，虑而后能得"，与这里的知止有类似的含义，儒家与老子又一次不谋而合。

第三十三章

个人基本素养

知人者智，自知者明。胜人者有力，自胜者强。知足者富。强行者有志。不失其所者久。死而不亡者寿。

导读：

上一节讲到"止"，管理者为被管理者定"名"，被管理者知"止"，这是管理目标的需要。就个人而言，每个人都有自己的人生目标，有阶段性目标，也有终极性目标。目标不是随意就能实现的，需要具备一定的素养。

解读：

老子提出了六个要点：知人、自知、胜人、自胜、知足、强行。这六个方面的字面意思很好懂，可以从三个层面理解：

一是个体状态层面，"知人、自知"。实质是对"名"和"止"的综合评估，"知人"是对环境中自我以外的人、物进行分析，"自知"是自我评估。评估的对象是自我和工作目标相关者。评估的内容是个人和他人的"名"和"止"相关要素状况：名分、技能、社会关系中的位置、所处发展阶段等，可以结合前面各章节"道"的各种要素进行分析和评估。

二是个体能力层面，"胜人、自胜"。"胜人"，侧重完成任务目标需要具备的能力和条件。"自胜"，侧重自我信心、良好的心理状态和应对各种变化的意识。

三是价值利益取向方面，"知足、强行"。"知足"，指目标合理，定位准确，忌好高骛远，不切实际。"强行"，即可行的措施，强有力的执行力，不达目标不罢休的意志力。"强行"的意思与"无为"是不同的，老子在此对"强行"是肯定的，可以对比体会"无为"的含义，会对"无为"有一个更加清楚的认识。

具备以上六点还是不够的，老子还提出了两个必要的附加限制条件，两者必具其一，兼备更好，否则所有的努力都是无用功，也有可能是反作用功。

一是"不失其所"。有两层意思：第一，不要忘记自己的根本所在，不失自我本性，是来源和归宿的范畴；第二，引申为自己的底线，最大收益和最大损失的承受度，是个体承受能力的范畴。

二是"死而不亡"。可以从精神和事业层面理解：精神层面上，是思想文化的传承，是发展规律的必然；事业层面上，是在推动社会发展中完成个人使命，不仅是一个阶段的终结，同时也开创了一个新的时代。

第三十四章

合格的管理

大道氾（fàn）兮，其可左右。万物恃之以生而不辞，功成而不有。衣被万物而不为主，常无欲，可名于小；万物归焉而不为主，可名为大。以其终不自为大，故能成其大。

导读：

本单元主要讲社会管理，第二十九至三十二章节先后讲了管理者、各管理层所需具备的素养和注意的要点。第三十三章节主要讲解了个人需具备的素养，这些都是个人在事业和生活中所必须具备的素质。本章节主要从管理层的管理行为对被管理者影响的角度来讲述管理之道。

解读：

人的社会活动主要是管理者与被管理者之间关系的活动，管理之道是人类社会万象万道的主要组成内容之一。老子时代的"管理"称为"治"，在社会管理上提倡"无为"之治。"无为"之治是社会活动之道，必然具备"道"的特点。本节，老子提出"道"在支配万物发展中体现的四个特点。我们可以从管理的角度来理解其含义。

第一，"道"的普遍存在性。"大道氾兮，其可左右"，指"道"无处不在、无所不及，就在我们身边左右。简单地说，任何有关系的事物之间都存在"道"，或明或暗地支配双方的发展和相互关系，夫妻、父子、同事、上下级，都存在一个相处的关系法则，可以称为夫妻之道，父子之道，现代多称为关系学。

第二，主动方的决定性。双方相处之道，也是一种管理之道，关系的双方必然存在一个主动方，也就是管理方，一个被动方，也就是被管理方。双方的关系和发展的状态是由主动方决定的，也就是管理者决定。"万物恃之以生而不辞，功成而不有"，主动方"不辞""不有"，才符合"道"的本质。从社会治理上讲，统治者让百姓安居乐业是其"不辞"的岗位职责要求，不以治理有功自居、不以管理有权自恃、不以管理之位而自傲，不因有管理之职享受"官老爷"之权、之利，才是"不有"的体现。"不辞""不有"是管理者在具体行为中的表现，否则就违背了"道"的本质。

第三，管理行为的全面性。万物因道而生，道对万物从不推辞，"衣被万物而不为主，常无欲，可名于小"，如衣服和被子那样从细节和小处贴心地保护着我们，温暖万物，却没有产生主宰和玩弄万物的私欲。"道"从衣被这种生活细节上关心天下百姓，可称得上"小"了。引申为，管理是一种全面性的行为，要涉及被管理者工作和生活的各个环节，不能遗漏，但是也不能以管理的名义主宰被管理者的全部，使管理者丧失自由的本性，因其全面、细致而又不主宰、不干涉，所以称之为"小"。

第四，被动者的倾向性。"万物归焉而不为主，可名为大"，是因为主动者的"小"，才让被动者感受到其宽大的胸襟，对其"小"产生归属感和依赖性，形成"万物归焉"的关系状态，万物臣服的气势和双方形成的关系状态外在表现为主动者的"大"。

"以其终不自为大，故能成其大"，是说道之为大道就是因为不以自利为目的，这才成就了大道。从管理的角度讲，管理的秩序和结果是管理者与被管理者双方相互作用的共同结果，但是管理者起到主导和决定性作用，被管理者只是对管理行为的被动反映。可以从管理的角度反思"道"的真实内涵，以此类推到其他领域和关系。

第三十五章

大道简易

执大象，天下往。往而不害，安平泰。乐与饵，过客止。道之出口，淡乎其无味，视之不足见，听之不足闻，用之不足既。

导读：

前文讲了，道说大就大，说小就小，用处多多，好处多多，再加上开篇的"玄之又玄"之类的说法，已经把人弄得差不多晕乎乎的了。老子的道讲了34个章节了，多是讲"道"是多么伟大，多么有用处，是不是很复杂呀？如果太复杂、太难懂，又很难学，还有讲的意义吗？

本章节老子主要想告诉人们，道其实很简单。

解读：

老子说，这个道呀，其实很好理解，内容简单。谁能恪守大道，天下会归附、顺从，跟从大"道"者互相没有伤害，大家都会安全、平安地相处。大家都知道，动人的音乐和诱人的美味，都会给人留步寻觅的诱惑，而我说的这个道恰恰相反，说白了、说透了就太平淡无味了，想看又看不见，想听又听不到，但是在现实中却有着广泛的用途，其中的道理用之不尽。

老子说出了道的一个显著特点——"淡"。简单、无奇，千万别想复杂了。不要以为所有的"道"说出来都是"高大上"，有时土一些的语言更能说明事物的本质。有时候"道"就是一句话的事，如一张薄薄的纸，一戳就透了，理很简单，但是真正悟懂这个理却要好好修炼一番。修炼其实并不复杂，要把握以下两个关键：

第一，把握事物发展的基本规律。万物各有规律，万物的各自规律还要遵循一个规律，这是世界万物发展的规律，老子称之为"道"。从前文34个章节，我们可以体会到社会万物发展遵循一个不变的规律。任何事物都要解决三个基本问题：一是个体生存；二是个体的发展；三是个体间的相互关系。解决好这三个问题的原则和规律，就是道的基本内涵。用现代语言总结这三个基本问题，不外乎三个词：自由、发展、和谐。自由是个体的自由，发展是共同的发展，和谐是关系的和谐。以这三个理念来思考和处理各类事务，则不会偏离道。如果心中不能树立这三个基本理念，可能永远不会悟"道"。

第二，坚持联系的观点。不要忽视各要点之间的联系和关系。前文34个章节，每个章节都有若干理论要点，这些要点之间相互关联，有的互为条件，在思考和处理问题时不能孤立地用其一个要点，否则有失偏颇。比如"自由、发展、和谐"是事物规律的总纲，分析具体事物还要考虑其发展的"阶段性"，也就是时代特点，再往下分析事物的本质和功能，明确事物的"极限性"，确定事物在关系中的"名"与"止"，处理事物与他物的关系，达到和谐的状态。

在悟道的诸多事例中，禅宗拈花一笑的故事最为著名，从一草一木、一举一动中悟出人生的哲理。然而对同一事物，不同的人参悟的禅也不同，不同点在于悟出事物本质的角度不同，可能是事物的本源、归宿、关系或状态的一枝一叶。一物一禅，一禅一理，禅与禅不同，但总不外乎"不二法门"。禅宗公案大师们的禅事实质是双方认知境界的对撞，是对事物本质认知的心灵沟通，所以双方交流的结果是"不可曰，不可曰"。老子的道比禅复杂，复杂在"道"是一个体系，与禅不同的是这个"道"是可以说出来的，没有人们想象的那么深奥，一句话就能点透事物的本真，听起来淡而无味。例如"无为"这一政治管理之道，老子通过大量的篇幅进行了分析论证，得出"无为"最重要的措施是"虚其心、实其腹、弱其志、强其骨，常使民无知无欲，使夫智者不敢为也"。用现代的话来说就是控制好人的身体和心理需求，解决好人的肚子问题。道就是这么简单，说起来就是这么无味，但是其中之理却非常精妙。真正懂得其中之理，必须认清事物的本质，只有按照"无""有"的认知角度和方法，才能洞悉事物的"前世""今生"和"未来"，知名、知止才能知理。事物本来如此，皆因物欲迷惑心道，拨去欲望的迷雾，显示本来真面目，"道"就是这么简单而无味。

第三十六章

管理的秘诀

将欲歙（xī）之，必固张之；将欲弱之，必固强之；将欲废之，必固举之；将欲取之，必固与之。是谓微明。柔弱胜刚强。鱼不可脱于渊，国之利器不可以示人。

导读：
管理并不是一件简单的事情，领导者具备了良好的管理素质是不够的，因为众多的被管理者中难免会出现难以管理的异类和欲取而代之的竞争者，无视管理者的权威和管理法则，将严重影响团队的管理效果。这时该怎么办？

解读：
老子提出了两个方面的解决办法：一是管理手段；二是管理法则。

第一，管理手段上——"微明"。微：细小、轻微、少、稍、精深、精、隐约、不明、隐匿。明：明亮、明白、智慧。把这十多个现代汉语词汇合起来体会，从本意中领会其延伸后的深意，才能理解"微明"真正的含义，用一两个近似的现代词汇是很难表达准确的。"微明"，具体体现在"将欲歙之，必固张之；将欲弱之，必固强之；将欲废之，必固举之；将欲取之，必固与之"的过程中，体现在其中内含的原理上。包含着前面章节的三个原理：一是应对事物变化之道，见第二十二章"惟不争，故天下莫能与之争"和"曲则全"；二是主要领导者基本素养，见第二十八章"知其雄，守其雌"；三是事物发展的极限性法则，物极必反，见第三十章"物壮则老"。

所以，对于不服从管理的特定人群的挑战，不与之争，"守其雌"，待其壮老，"动善时"，把握时机，瓜熟蒂落，顺势而为可矣。

第二,管理法则上——"不可以示人"。"鱼不可脱于渊,国之利器不可以示人"是对从道者的一个告诫:道说出来无味,但原理深奥,内涵丰富,在现实道的实践和应用过程中绝对不可以轻易说出来,到处宣传,特别是制定管理制度和采取措施的动因,就如同鱼儿离不开水一样,说出来就没意思了,事也不一定能办成了。"不可以示人",指在治人、治兵、克敌制胜上是绝对不可以示人的。实际上许多事情背后的道理和原因、背景是不能公示于人的,特别是政治管理和重大计划谋划的过程是要严格保密的,这一点我们都很清楚。为什么不能明示呢?

因为"道"的"理"性属虚、属无、属阴,不宜暴露在阳光之下。而以道为主导的具体行为措施属实、属有、性阳,必须公开、透明。否则人们就不知道如何执行和落实,如法律,必须明文规定并大力宣传。

道属阴性,在人性上偏重于阴谋、阴柔,甚至阴险,目的在于"成其私",达到某种目的。而"私"的成分是人们在心理上最讨厌的东西,无论多么好的目标披着丑陋外衣走到大众面前,都不会有好的结果。所以现实中把"我是为了大家的利益"这句话放在嘴边的人,值得注意。想做就去做好了,千万别说出来,放在心里想一想是可以的,拿出来示人就不对了。

老子以后的道家出了很多的隐士,或隐于山林或隐于市,多是因为在修研道的过程中,看多了世人冠冕堂皇外衣下裹着的丑陋内心。由于他们深知"道"之意是不可强为的,有些人为了躲避充斥着罪恶的环境做了出世之人。这些隐居山林的人是刚入道而已,是小隐,真正的道人是看透了世间百态而不厌其恶的人。他们深知这是社会与人的心态之正常的发展变化,当丑陋和罪恶完完全全地展示在人们面前的那一天,人们都知道丑之为丑、陋之为陋的时候,也就是社会向善向美转变的开始。在个人层面,一个人只有在认识到自己不足的时候,才是自己成长变化的开始。

UNIT FIFTH
生的内涵

"生"是个体的生命,是个体的生存。"生"的本质在于保持生命的本色——"朴",保持本色的关键在于"静"。

人是生活在社会关系中的人,必然受到各种社会关系规则的约束,道、德、仁、义、礼以及现代的法都是社会关系约束规则的范畴,但内涵各有区别。"道"认为,在社会关系中个体或群体相处共生的法则是各守其道——"得一",才能保证其本质"珞珞如石"。其运行原理是"反者道之动,弱者道之用。天下万物生于有,有生于无",决定了事物的成长、归宿和外部关系。而万物生发的原理就在于"一、二、三"。

"柔"是生命的质量,"身"是生命的载体,"名"与"货"是"身"外之物。正确地认识生命相关要素的关系,在于正确地认识事物表象与本质的关系。

第三十七章

本色的自我、本色的世界

道常无为而无不为。侯王若能守之，万物将自化。化而欲作，吾将镇之以无名之朴。无名之朴，夫亦将不欲。不欲以静，天下将自正。

导读：
生存的本质是什么？世界的本质是什么？这些都是老子关于人生和世界的思考。

在事物生存的过程中会发生哪些变化？如何防止因变化导致物种的变异，保持事物的本质？

解读：
生存问题是一个大课题。本章《老子》主要从生存的本质角度讲解如何保持生命本色。

"道常无为而无不为，侯王若能守之，万物将自化"，老子在本章节开篇提出"道"是保障万物生存和自由发展变化的"道"。然而，"万物将自化""化而欲作"，在事物生存历程中，通常会面临两个基本问题：

第一，事物是发展变化的。"万物将自化"，事物的发展变化是其自然规律。

第二，发展变化中存在变异可能性。"化而欲作"，事物发展中的变化有些是事物不同发展阶段的正常表现，如虫、蛹、蛾的变化。有些变化是事物非正常的变异，如辐射育种技术，就是利用辐射使个体导致的变化。事物的变异结果是导致事物不再是原来的事物，因变异而成为一个全新的个体，改变了事物的本色。就人而言，人的本色发展变化，是因为个体的欲望。不加控制的个体欲望会让人不再是人，有时禽兽不如。

所以"万物将自化"也不能太任性了，是有约束条件的，就是不脱离事物的根本，按照事物的内在规律和本质特性发展。人类脱离本质的变化主要诱因在于欲望。大家知道癌症就是人体在生长过程中个别组织细胞不按规律生长的结果，影响到人的身体健康直至生命。而思想的欲望也一样，如果发展过分，超出个人能力范围，突破成长、发展的规律，并且付之于实际行动，往往就会产生实质性的危害。

如何防止人类因欲望导致的人性变异？老子说："吾将镇之以无名之朴"，以求真求朴的常德之心来约束个体"自化"的过程。"朴"，原指未经加工的木头，引申理解为人的本色。老子认为保持人的本色是生存的基础。在人的短暂一生中，活出本色才是生命的本质。人要有保持"无名之朴"之心，才能"夫亦将不欲"，防止在思想上产生过度的欲望。

"不欲以静，天下将自正"，老子再次指出，静是事物的终极状态，也就是事物的本质、世界的本色，也是"使民无知无欲"的奥秘所在。"不欲"是人保持"静"的要求，清静、安定是天下万物生存的需求，更是世界的本色。如此，天下将按照其自然规律发展，回归"静"的大道——"自正"。

《老子》是一个完整的思想体系，有人说《老子》每一句话都是一个大道，热衷于对一条一条的语录进行解读，作为指导人生和社会实践的智慧。这是断章取义的道，这种学老子之道的方法最终会走向以技巧求胜求功的学道歧途，虽然能达到一时的目标，但是百害只此一利，此利最终是害。

第三十八章

约束人际关系的要素

上德不德，是以有德；下德不失德，是以无德。上德无为而无以为。下德无为而有以为。上仁为之而无以为。上义为之而有以为。上礼为之而莫之应，则攘臂而扔之。故失道而后德，失德而后仁，失仁而后义，失义而后礼。夫礼者，忠信之薄，而乱之首。前识者，道之华，而愚之始。是以大丈夫处其厚，不居其薄；处其实，不居其华。故去彼取此。

导读：

人是社会的人，是社会关系中的人。人在社会关系中实现物质的交换、思想的交流。社会关系满足了自我生存的基本条件，人的生存和发展离不开错综复杂的社会关系。

老子在第三十二章节中提出"始制有名，名亦既有，夫亦将知止，知止可以不殆"，"名"是界定人在社会关系中位置的重要元素。人对"名"的思想认识以及在"名"界定下的状态行为，是老子关于人的认识的重要内容。上一节老子指出"朴"是事物最本质的，"镇之以无名之朴"可以保障人的本色，人的"朴"究竟是什么呢？

解读：

"朴"的本意是未经加工的木料。引申的意思就是没有掺杂任何人为的因素，保持事物的本来面目。但是"朴"对于人具体是怎样的呢？

为了便于人们理解，老子对现实中主流人士标榜的"德、仁、义、礼"这四种行为理念进行了解读。德、仁、义的上下之分在于人为因素的掺杂。

上德——不认为自己的行为是符合德的标准的，思想上也没有想过所作所为是追求所谓的仁义道德，一点也没有人为和主观因素。

下德——行为和思想受到主观上要执行"德"的标准的约束，加了一点人的主观色彩。

上仁——对外界发生了有个人影响的有意识的作为，自我却不认为是有意识的、主动的，而认为这是自己想当然应该的行为。

上义——完全出于有心的作为，思想上达到主动状态，对外的影响和作用力更大了。

上礼——不仅是有心作为而且是强力作为，有时为了达到目的而动用武力，对外部人和事物进行思想和行为方面的强制约束。

可以说德、仁、义、礼是对人们思想、观念、意识和行为的约束机制，是维护和稳定人的社会关系的工具。德、仁、义、礼四个层次的区别，在于失去人的本真和掺杂人为因素之后发生的不同变化，从这个变化中我们可以体会到"朴"的真实含义。

"夫礼者，忠信之薄，而乱之首"。老子在第二十三章提出"信不足焉，有不信焉"，指出"信"是维系双方关系的准则。本节则指出，过分地强调"礼"的重要性，以"礼"取代"忠信"在维系关系中的基础地位，导致双方关系由厚变薄，是关系混乱的第一原因，故称"礼"为"乱之首"。

"前识者，道之华，而愚之始"，说明"道"具有洞晓未来的作用，修道者基于对规律的了解，可以预测事物发展的前景。这种能力仅是"道"的外在表现，不是"道"的本质。如果学道者仅停留于"前识者"的层面，玩弄"道"学的虚华，就是愚蠢的行为。老子对学道者提出了警告。

本小节老子告诉我们，维系人类社会关系的法则有五个层次：道、德、仁、义、礼。而"道"是适用于天下万物发展和维护相互关系的法则，"德"是"道"在人类关系法则中的具体表现。

延伸：

众所周知，在"礼"之后，又有"法"，"法"更加具有强制作用。如果说德仁义是按照所含人的情分多少来区分的话，那么"法"中的执法环节就毫无人情可言了，法不容情，是法之为法的道。目前法学界有个人性化的理念，如有的国家取消死刑。按照"道"的理论逻辑，终有一天"法"的内容会与"道"

相合，因为"道"是不以人情为决定因素的。当"法"完全符合人的本性，回归于"朴"时，又会回到"德"的纯真时期，事物就是这么变化的。

老子认为"礼"是乱之首，是忠、信流失殆尽的根源，因为"礼"太多地融合了人情的因素，是人为之"礼"，所以离"道"越来越远。当忠、信也难以维护人际关系时，只有"法"了。

中国经历了漫长的"礼""法"同治的时代，中国封建社会以礼为主、法为辅的治理方式通行了两千年。因为后代礼学和理学的过度发展，最后"礼"的大手伸向了人的自然本性的禁区，特别是对性与爱的自然需求进行过度约束和控制。当人的思想和行为自然本性受到过度约束和压抑时，人的心理会产生越来越强的反抗意识，总有一天会如脓疮一样恶化。

第三十九章

各守其道

昔之得一者：天得一以清，地得一以宁，神得一以灵，谷得一以盈，万物得一以生，侯王得一以为天下正。其致之也，谓：天无以清，将恐裂；地无以宁，将恐废；神无以灵，将恐歇；谷无以盈，将恐竭；万物无以生，将恐灭；侯王无以正，将恐蹶。故贵以贱为本，高以下为基。是以侯王自谓孤、寡、不榖。此非以贱为本邪？非乎！故致誉无誉。

是故不欲琭（lù）琭如玉，珞（luò）珞如石。

导读：

维护人类个体间社会关系有六大工具：道、德、仁、义、礼、法。然而，人类社会不仅是人的个体存在的社会，更是不同利益群体共同存在的社会，不同群体间的关系与冲突是社会的根本问题。维护不同类型和不同利益群体之间关系的法则是什么呢？

解读：

老子仍然以大家熟知的自然现象为例，把现象总结提升为经验，把经验升华为规律。本章节老子通过讲述"道"在不同事物发展过程中的表现形式，给人们两个方面的启示：

第一，万物皆有"道"，但此"道"非彼"道"。每一事物都存在一个支配自我发展、保障自我本色的规律。不同事物的规律是不同的，因为不同所以才能保证事物的个性和区别。所以，"昔之得一者：天得一以清；地得一以宁；神得一以灵；谷得一以盈；万物得一以生；侯王得一以为天下正"。天乃天之名，清乃天之止。同样，地之止为宁，神之止为灵，谷之止为盈，侯王之止为天下正。天不清则不为天,地不宁则不为地,神不灵则不是神,谷之盈是谷的道,天下正是侯王的职责所在。

第二,支配具体事物的"道"是唯一的、不变的。"道"是万物的"道",在描述具体事物的"道"时,老子用"一"来表示,说明决定事物本色的"道"是唯一的,仅此"一"而已,绝无其他。偏离了此"一",则事物将失去本来面目,不再是原来的事物。所以,"天无以清,将恐裂;地无以宁,将恐废;神无以灵,将恐歇;谷无以盈,将恐竭;万物无以生,将恐灭;侯王无以贵高,将恐蹶"。老子为我们描述了天、地、神、谷、万物和侯王不守本道、不守本职的后果,告诉我们:不守本职,不得一知止,事物将向毁灭性的一端发展变化。

从本章节,我们可以得到两点启示:

一、不同类事物的"道"是不同的,各有各的"一"。在社会关系中,不同社会群体的人虽然同是人,具备人的共同本色特征,但是不同群体是有区别的,各自遵循不同的生活和发展规律,各具其"一",这才是社会群体划分和区别之所在。所以,不同利益群体之间相处的规则就是各司其责、各守本分。历史上,人类社会的冲突和动荡实质上是不同区域或不同群体之间的冲突。

二、认识社会的过程就是发现其"一"的过程。只有认清不同事物和群体的发展规律和本质,才能正确处理好相互之间的关系,才能确保不同事物的生存和发展。认识发展规律,是认知、知名、知止和实践的全过程。在这一过程中,要保持正确的认知思维和态度才能正确认识事物本质,才能发现事物的"名"和"止",实践中遵循发展规律,做到守"一"。"道"就是这一思维到实践的全过程,这只是近乎"道"的描述。

本节最后,老子以"故贵以贱为本,高以下为基。夫是以侯王自谓孤、寡、不穀。此非以贱为本邪?非乎!故致誉无誉。不欲琭琭如玉,珞珞如石"为总结,把人们的思维拉回到对现实社会主要社会关系群体——侯王的认识。指出:"侯王"之"贵"的根本在于和百姓的对比,没有百姓的对比和区别就没有其高贵的存在,其作为人的本色是不变的,虽然外在表现上与百姓看起来有玉与石的区别,但不要失去珞珞如石般质朴的本质。

第四十章

生存本质的内在原理

反者，道之动；弱者，道之用。天下万物生于有，有生于无。

导读：
个体的生命存在是生存实质，所以要活出本色。群体的关系是生存的基础，所以要处理好个体与个体以及群体间的关系，营造生存的良好环境。本章节则主要讲解万物生发的内在运行原理，个体生存和群体关系的法则皆源于此。

解读：
老子在第二十五章提到"道"具有"大、逝、远、反"的特性。本节讲"反"的作用原理。

"反者道之动"，反，一层意思是返，往复；另一层是反面，对立的一极。事物发展变化的往复不是重复，是新的开始，是质和量的变化。事物的发展变化的全新开始也可能是完全对立相异于母体的，在数轴上的正无穷和负无穷看似相反，实质是一样的。

"弱者道之用"。"弱"是道的"无"的一元。第十一章指出"无之以为用"，指事物本体的"用"是由"无"决定的。在此章，"弱者道之用"，是指不同事物间的决定权在于"弱"的一方，是道的功能在事物与事物间关系方面的表现形式。这里的"弱"不要理解为通常意义上的强弱。从人际关系的角度来理解，"弱"有两个含义：

一是代表成长和归宿。从家庭的角度，孩子和老人是家里弱小的成员，但是孩子代表家庭的未来，老人是每个人的成长归宿。所以我们家庭几乎所有重大的问题都是围绕老人和孩子进行的，是以老人和孩子特别是孩子为中心的。"弱"

的老人、孩子主导了家的功能和作用，就是保障老人的安康和孩子的成长。同样，如果社会的管理措施不能保障老人的安康和孩子的成长，也不能保障弱势群体的生存，就是一个无道的社会。

二是代表索取和需求。索取和需求是成长和发展的需要，索取和需求是社会关系中物资和信息交流的主要动力。在需求方和供应方两方面中，往往是由需求方起主导作用，没有需求方的主动性是难以发生人际交往的。所以现实中，商业行为是典型的弱方行为，客户就是上帝。在社会中托人、求情、办事等社会交往活动也是由请托方决定，请托方的请托方式决定了双方交换的性质。

虽然万物遵循"反者道之动，弱者道之用"的规律，但决定性的规律是"天下万物生于有，有生于无"这终极大"道"。老子前面所有章节的理论基点就是"天下万物生于有，有生于无"，可以这样理解：

对于具体的事物，其形体为"有"，表现为实，其形体组成的空间结构为"无"，表现为虚；事物的成长过程中的外在形态变化为实为"有"，而决定其成长变化的基因等内在因素为虚为"无"。就人来说，人的生命躯体为实为"有"，人的思想、观念、意识为虚为"无"。"天下万物生于有"说明天下万物都是以实体形式存在的，在实体的基础上生发的，比如人，孩子来源于母体之"有"，人的名利财富是由人的劳动创造的，也是源于"有"。"有生于无"说明万物生存和发展表现的具体形式是由事物"无"的一元决定的，比如一只蛋，它孵化出的是鸡还是鸭是由蛋的基因性质决定；从人的角度来讲，人虽然本质上是相同的，由于人在出生、思想、观念和意识上的差异导致了人在社会关系中的位置差异。

"天下万物生于有"，所有实体的东西都是物与物之间相互作用产生的，"有"与物的本体相关，物的本体是"有"的载体和对外作用的媒介。"有生于无"，无为主，有为从，虚无主实，虚无才是事物发展变化的主导。人的本体相关的动作、行为是思想意识支配的结果，生物发展变化外在表现是内在基因决定和支配的，所以有生于无。

第四十一章

检验规律的标准

上士闻道，勤而行之；中士闻道，若存若亡；下士闻道，大笑之。不笑，不足以为道。故建言有之：明道若昧，进道若退，夷道若纇（lèi）。上德若谷，大白若辱，广德若不足，建德若偷，质真若渝。大方无隅，大器晚成，大音希声，大象无形，道隐无名。

夫唯道，善贷且成。

导读：

生有生的规律，发展有发展的规律，万物万道，规律也是千千万。那么什么样的"道"是正道，什么样的规律是符合"道"的规律呢？

解读：

本节，老子列举了三种对"道"的态度：

一是勤而行之；二是若存若亡；三是大笑之。为什么下士闻道会大笑之呢？

由于"反者道之动"，所以"明道若昧，进道若退，夷道若纇。上德若谷，大白若辱，广德若不足，建德若偷，质真若渝。大方无隅，大器晚成，大音希声，大象无形，道隐无名"就很好理解了。

老子说，给人指明方向、引人前进、前途平坦的大"道"，在现实中有时外在表现为迷昧、倒退或坎坷。从人的"德"也就是思想意识层面看起来有的如谷，似不足，有的很怠惰；其外在形象和状态虽然质白但形如黑的一样，处事虽有法则但感觉上好像没有个性一样；从发展的结果来看，其成熟的漫长时间让性急的人等不得，大器晚成呀！让人有太多不耐烦的等待。所以，无论"道"是多么的明、进、夷，都会被昧、退、纇的外形所掩盖，"道"为下士所大笑就太正常不过了。

老子以"大音希声、大象无形"来形容"道",如最美妙的音乐没有杂乱的声音,最大的形象让人找不到外形的存在。虽然真正的"道"是看不见的,也难以表达清楚,却有一个明确的标准,就是"夫唯道,善贷且成",只有道,才具有给予和成就万物的效果。

是公"道"还是旁门左"道",是正"道"还是歪门邪"道",其判定标准就是对他人和事物、事业是不是起到帮助和成功的作用,不能"善贷且成"的"道"就不是真正的"道"。无为之为在于"善贷且成",并不是无所作为。

老子把检验规律的标准确定为"善贷且成",是以对他物的作用效果作为评判标准,而不是利益。

第四十二章

万物发展的原理

道生一,一生二,二生三,三生万物。万物负阴而抱阳,冲气以为和。人之所恶,惟孤、寡、不榖,而王公以为称。故物或损之而益,或益之而损。

导读:

本章节老子将对前面章节"道"关于生存的理论要点进行全面总结,帮助人们进一步理清个人、个人与他人、个人与群体之间关系的实质,告诉人们万物生存发展的原理。

解读:

"道"本简单,老子把"道"总结为一、二、三的问题。

"道生一"。有两层含义:一是决定事物本质的规律具有唯一性,是唯一的,是不变的,所以称为"一"。这种规律可以理解为类似生物基因的东西,基因不同,则事物个体不同。二是发现、探索具体事物的规律要遵循"道"的要求。如果把天下万物看作一个整体,那么天下万物共同的规律就是"道"。万物皆有道,各有各的道,万物因道而生,所以道生万物。

"一生二"。有两层含义:一是同一事物具有两面性,个体与个体间有阴阳、雄雌之分,有阴阳才有变化,有雄雌才有新生;二是具体的事物包含"无""有"两个元,"有"决定事物的形体状态,"无"决定事物发展变化的走向及价值。老子之"道"侧重于研究事物个体"无、有"两元对事物发展的影响。

"二生三,三生万物"。这里的"三"也有两层含义。一是阴阳相和、雄雌相配生长出的新生命。二是引申为两个不同单体合作创造的新事物,例如两个人合作开发的新产品或共创的新事业。天下万物都是合作创造的结果,没有合作就没有新生命、新事物，所以称为"三生万物"。

"万物负阴而抱阳，冲气以为和"。"和"是指双方关系的状态，是双方在"信"的基础上达到的关系状态。老子之道侧重于研究人与人之间的关系，和谐、和睦、和好、和衷共济、和气生财之"和"都是一个意思。"和"是人与人之间关系的理想状态，是合作成就事业生"万物"的基础。"负"和"抱"都有"凭、靠"的意思。

老子理论中所说的"一、二、三"不能简单地从一个角度理解，要从事物个体结构、不同事物之间的差别、事物与事物发生关系后的结果三个层面来理解。多角度才能体会一、二、三的全面内涵。对人来说，人是各方面社会关系的总和，人的"一"是个体，"二"是人与人之间的关系，"三"是人与人交往产生的结果。"道"对人来说，就是研究个人发展与处理社会关系的学问。

"人之所恶，唯孤、寡、不穀，而王公以为称，故物或损之而益，或益之而损"。"孤、寡"是个体不与其他事物发生关系的状态，不与外部事物发生关系，孤阴不生，独阳不长，所以，也就没有新事物的产生，失去了存在的价值，意味着死亡，所以人之所恶。王公以孤、寡为称，是自损，也是对个人有益的自警。反之，益之而损，违背自然正常收益规律，人为增益的行为是有害的，因为"益"是人主观故意行为，不符合"道"的"无为"要求。

第四十三章

生命力的实质

人之所教，我亦教之，强梁者不得其死，吾将以为教父。

天下之至柔，驰骋天下之至坚。无有入无间，吾是以知无为之有益。不言之教，无为之益，天下希及之。

导读：

现实中，事物生命的表现形式是什么样的呢？如何来描述事物的生命状态和质量呢？本章节老子提出了"柔"的概念，用以表述生命的质量。

解读：

"人之所教，我亦教之，强梁者不得其死"（目前所见文本将该句排列在第42章节末，从文意上来说，本人感觉此句当排于此章节前），"强"，有按自己意愿行事和硬要的意思。"梁"是重要的承重构件，"强梁者"意思是不按规律、不自量力，强行按自己的想法办事的人。自己承担不了的硬要承担，肯定不会有好的结果。这是老子所要教给人们的，"吾将以为教父"，老子传"道"的目的就是教导人们不做"强梁者"，这也是"无为""不争"思想最简单、最直白的意思。

与"强"相对的就是"柔弱"。"天下之至柔"，老子认为至柔、无有、无为才是个体应当保持的最好状态，可以"驰骋天下之至坚"。天下之至柔，最好的例子就是水。水是天下至柔之物，驰骋于山川石涧，润物无声。老子在第八章讲过，上善若水，是最接近于道的。

通过自然事物的"强"和"柔"对比，老子认为"柔"是事物生命力的体现。因为老子之"道"重在人际之"道"，所以老子又把话题转移到人的层面。

人在现实生活中对外的作用和影响力是通过"言"和"行"实现的,所以老子认为人在"言"和"行"上最有生命力和作用力时,其"柔"表现为"不言"和"无为"。

　　"不言之教,无为之益,天下希及之"。"不言之教",是言,"无为",是行,"不言""无为"虽然有益,但"天下希及之",能达到这一点的人很少很少。做到至柔的关键人物是当时的社会管理层人士,也就是"圣人"。"不言""无为"的主体是"圣人"而不是百姓。

　　不言之教,从主动一方来讲,现在指单位的主要管理者、家长、老师等。我们知道,对孩子教育的最好方式是父母的言行示范。父母以自己的言行为孩子当好学习的榜样,才是最好的教育方式。批评、打骂只是事后最无能的补救措施。孩子的错误首先要从家长身上找原因,下属出了问题首先从领导身上找问题,学生出了差错首先要从老师身上找差错。因为家长、老师和主要管理者是行不言之教的范本。

　　在此有一个值得注意的问题,老子"道"的主体侧重于人,在老子时代,人可以简单地划分为圣人和民。所以"不言"和"无为"的行为主体是圣人,也就是当时的统治阶层人士,现在所谓的精英人士。老子认为百姓只是"不言、无为"的被动方。从现代管理学和教育学的角度讲,学生和被管理者是被动方,影响社会行为的主体是管理者而不是被管理者,所有的社会问题应当从管理层找根源,而不应从被管理者方面找原因。

延伸:

　　在评价人的指标上通常还有一个"善和恶"的区分方法,这是以自我为参照系对人进行评价的方法。关于人性是善还是恶的辩论曾经风靡一时。《老子》是研究"道"的学问,虽然有关于善、恶的语句,但是没有对善恶的来源进行理论上的论证。我们可以体会到,老子认为人为地确定善恶是不符合"道"的精神的,因为善恶和美丑的评价参照系是人的相关利益,而"道"对事物和人的评价参照系是规律。所以老子没有界定善与恶。从"不言之教,无为之益"的对象来看,老子只关注行为的主动方,也就是圣人,如现在的领导、精英、家长、老师。人性源于对社会万象的反映,受社会主流人群的舆论所引导。在老子社会认识评价体系中,人性本无善恶,为何要人为强行分成善恶?

在现实中，人们往往以人的利益为评价参照系，善与恶、好与坏都是以对特定人群有益或有损为参照点，是一个参照的、对比的结果，所以评价的结果与参照系或参照物的选择有关，是不固定的，也是不客观的。

个体的生存是本能，为了群体的生存是奉献，为了个体生存伤害他人是坏人，伤害到群体的生存更是人渣，为了群体的生存而伤害他人就是英雄，这就是以人的利益为参照系的思维逻辑。所以，在通常人来看，人性之善恶，只看行为的结果是利我还是害我。老子也就有了"不言之教,无为之益,天下希及之"的感叹。

第四十四章

人的生存相关要素

名与身孰亲？身与货孰多？得与亡孰病？是故甚爱必大费，多藏必厚亡。知足不辱，知止不殆，可以长久。

导读：

人的生存不是孤立的，与其他个体的关系表现为夫妻、父子、朋友、兄弟，在群体中的关系则为君臣、上下级、同事，确定人在这些关系位置的是人的"名"。人的生存需要物质基础，需要一定的物资支持，对各种物资占有和支配的程度表现为财富的多寡也就是"货"，对这些"货"的占有和消费表现为"费"和"藏"。

"名"与"货"实质上是人之"有"的相关因素，与身体相对应的就是"身外之物"。本章节老子主要讲述"名"与"货"这两大身外但又不可或缺之物与人的生存的关系。

解读：

保障人本体正常生活的物质需求是正常的、必需的，但是对"名"和"货"的追求超越了本体的正常需求就是"甚爱"和"多藏"，这种"多"就是"余、赘"。老子在第二十四章提到余、赘，有道者不处。因为超出了思想和行为的"度"。

对名利和财富的欲望是属于人的"无"的一元，是思想范畴，其性质为虚。名利与财富收获的过程和结果是人本体"有"的相关，性质为实。人的欲望之"无"通过本体之"有"，实现了从无到有的转化，实现了"无中生有"。

"无中生有"是人本体对外部各要素调度和掌控能力的考验。欲望变成现实，由虚向实转化的过程是对人内心的煎熬，精神和物质的投入是物力和精力的消耗，期待与收获的差异是对身心的伤害，思想上欲得是虚得，物力、精力的付出是实耗，对得与失的计较实质上是虚与实的矛盾，这是痛苦的根源，是辱与伤的来源。

收获需要投入和付出，"甚爱"必然要多付出，"多藏"必然要多投入。精力与物力、名利和财富这些虚虚实实之间的转化就是人的得与失，是对本体和精神的双重冲击。内在精神上的支出，留在内心的往往是屈和辱。财富的"藏"与"亡"表现为物质的得与失，实质是所有权和使用权的转移，这个转移如果是本体的主动行为就是消费或慈善，如果是被动的，就是侵占或掠夺，必然是对本体身心的伤害，甚至导致生命的丧失——"多藏必厚亡"。

"知足不辱，知止不殆，可以长久"。老子强调人的需求要知足、知止，要有"度"，该收手时就收手，该退就退，可保长久，不仅"身"可长久，"名"与"货"也可长存。

名利、财富与人的本体生存哪一个重要？老子为什么明知故问，原因在于人们知道这个理是正理，可就是做不到。名利、财富是人之所大欲，除此两者之外，能够让人们孜孜以求的东西也就不多了。老子从个体角度讲解名利、财富与本体的关系，认为对这些东西过度的、不当的追求和欲望会给人带来无尽的辱和伤。

第四十五章

表象与本质

大成若缺,其用不弊。大盈若冲,其用不穷。大直若屈,大巧若拙,大辩若讷,大赢若绌。

躁胜寒,静胜热。清静为天下正。

导读：
前文老子依次讲解了生的本质、个体与群体关系、生命力本质以及"有"的相关要素,让我们从内到外对事物的生存和状态有了全面的认识。本章节老子告诉我们如何从事物的外在表象发现事物的本质,也就是告诉我们事物外在表现与其本质的区别。

解读：
"大成若缺、大盈若冲、大直若屈、大巧若拙、大辩若讷、大赢若绌",说明现实事物的外在表现形式与其内在实质往往相反。例如：忙忙碌碌的人其内心多是充实的,整天无所事事、看似无事可做的人其内心往往是最空虚、最无聊、最躁动的。争争吵吵的夫妻未必不幸福,不吵不闹的夫妻未必是幸福的一对。都是形与质相反的例子。

"躁胜寒,静胜热。清静为天下正",我们已经知道,清静是事物发展的最终归宿,清静为天下正。

躁、静是事物存在的两种状态。躁是能量消耗的外在表现,能量消耗的过程是事物由躁动向安静变化的过程,能量耗尽的时候,事物就变得静和冷了。因为事物"有和无"两元中的"无",其性属阴,决定了事物发展具有向"阴"的趋向,所以事物具有向静向寒发展的特性。

人的身体是外在的、物质性的，精力是内在的、精神性的。体力消耗的是脂肪和糖。精力消耗的是人的元气。心境躁动最伤人的元气。比如，失眠多源于内心的躁，躁多缘于名节的宠辱或财富的得失。

　　所以人的病主要有两种来源。一是从口入。因为对口欲不节制，吃了不干净的东西。二是从心出。内心滋生过分的欲求，心灵在得失之间躁动难安，伤及人的元神，导致内分泌混乱，组织系统功能失调，引发各类疾病。

UNIT SIXTH
"福"的源泉之认知境界

生命是人存在的基础，对生命的感受关系生存的质量。对生的质量界定标准也就是现在人们常说的幸福体验。福是什么？幸福在哪里？从本章节开始，老子主要从不同的角度来解释"福"的真实含义。

幸福是一个综合性问题。从老子的思想来认识，幸福融自由、发展、和谐于一体，缺一则是幸福感的缺失。在自由、发展、和谐的总基调中，幸福的本质与人们的认知境界相关，对社会现象认知的方法、判定的标准决定了人们对各自生存质量的感受。老子认为，人对生存的感受主要是安全感和对未来的掌控力，安全与个人欲望有关，对未来的掌控与认识方法有关。"为道"的认知方法才可以"取天下"。

以"道"认知和行为，有利于端正个人待人接物的心态、生死观念和成功理念，才能认识到固守根本才是福的保障，才能体会到幸福其实就体现在追求事物本质的过程中，最终以人之"功德"体现到社会生活的方方面面。

认知的境界决定了人生的质量。

第四十六章

避免灾祸

天下有道，却走马以粪；天下无道，戎马生于郊。祸莫大于不知足，咎莫大于欲得。故知足之足，常足矣。

导读：
人的幸福感首先是安全感。

解读：
安全要严防引祸上身。祸与福相对，知福必先知祸。

"祸莫大于不知足，咎莫大于欲得"。"咎"是个人之错，"祸"是错的结果，老子认为祸主要来源于人的欲望，失去控制的欲望就是"不知足"，"不知足"是导致灾祸的根源。

"咎莫大于欲得"，旨在说明欲望是人做出违背"道"的思想和行为的主要原因，并没有否定欲望的意思，因为保障人们正常生活的欲求是正常的。

"天下有道，却走马以粪；天下无道，戎马生于郊"，老子以马匹为例，说明统治阶层"不知足"对社会造成的"祸"。马匹最初的职责是用在农业生产上，用在战场上的原因在于统治者为了满足自我欲求而发动的战争。统治者的"不知足"危及动物的正常生存了，更何况是人呢！

处于社会关系链条上端的统治者的"无道"会让事物偏离正常发展的轨道，影响到社会生活的方方面面，不仅会伤害下层群体，给他们带来灾难，同样也会引罪、祸加之其身，甚至伤及其生命，是其自我之灾，所以是社会灾难之首。

"不知足"是思想和行为过度的现实表现，当这种需要超出个人本体"有"的正常需求时，这种行为就会发生质的变化，由正常行为转变为"咎"也就是过错，错的行为结果不仅影响个人也影响整个社会，干扰了正常的社会发展秩序，这就是"祸"。违规必然产生后果，不是小错就是大祸，生祸者必定受罚，有"祸"哪有"福"可言。

第四十七章

把握未来

不出户，知天下；不窥牖（yǒu），见天道。其出弥远，其知弥少。是以圣人不行而知，不见而明，不为而成。

导读：

人的幸福感基于发展的稳定性和对自我未来的可控性。本章节老子主要讲解对未来的掌控力。

解读：

人们对未来的掌控力表现在三个方面：

一是"知"，知天下大势，知事物发展的状态、形势、环境、问题等发展情况。

二是"明"，知根知底，明白事物的来龙去脉，洞晓事物发展趋向和规律。

三是"成"，心想事成，按照事物既定发展规律，在一定时段、完成阶段性发展目标。

一个人达到这三个层次就达到了"明白四达"的境界，了解当下，掌控未来，对当前状态无困惑，对将来前景有信心，眼前和未来都牢牢地掌握在自己手中，人还有什么痛苦呢？

"是以圣人，不行而知，不见而明，不为而成"，老子又把论述转回到了现实社会的管理角度。其含义是，只有"圣人"——特指遵从"道"的社会统治者和管理者，才能达到"知、明、成"的境界，可以顺其自然地实现管理的目标。

"不出户,知天下，不窥牖,见天道"，是有前提的。老子的意思是只有"在道者"才具备"知天下、见天道"的能力。所以，"在道者"早已知道事物的运行规律和社会发展形势，就不需要和普通人一样走到户外去调查研究了，可以"不行而知，不见而明，不为而成"。

延伸：

此章是读《老子》最容易让人迷惑的地方之一，因为其内容似乎与人们熟知的"读万卷书行万里路"的常识唱了反调。多年来，人们对老子是无条件崇拜的，对老子理论是无理由地信任，认为老子的每一句话都是一句人生哲理，欲求从原理上对每句话都弄个清楚。其实有些语句是不能从原理上解释的，只能从老子欲表达的思想上去理解这段话的内涵。

"不出户"与"知天下"两句之间不是必然的因果关系，而是并列关系，用以说明圣人的生活状态和表现。圣人"知天下、见天道"，也可说是圣人的标志。不出户、不窥牖只是说明圣人的行为方式，而不能用来作为指导普通人的学道方法。

"其出弥远，其知弥少"，有人把此段落理解为"因为不出门，才知道天下事，走得越远，知道得越少"，这是就字解字，与本意差远了。是否可以这样理解：这句话的主语应该是普通人，其意思是，对于普通人来说，走得越远，需要求知的学问越少，因为见得越多，懂得越多。普通人的求知活动，必须要多出行，多一点社会阅历，才能学到更多的知识。老子时代的生活环境应当是险山伴着恶水，道路艰险，出行纵有车马代步也是十分艰难和险恶的活动，更不要说行万里路了，出远门实质是一种身心的煎熬。所以，对一个普普通通的人来说，不出门、不感受人生的煎熬是不会学到更多知识的。

所以，普通人是不能做到不行而知的。老子的意思是说，懂得了我的道，也就不用出远门去冒着危险、经历困难了解社会了，只要待在家里，不出门、不受累、不出力就可以明白四达，想什么事就能办成什么事。

跟从老子之道就有这样的好处，这才是老子写此章节的本意。千万不要认为"不行而知，不见而明，不为而成"是学道的方法。

第四十八章

正确地认知

为学日益,为道日损,损之又损,以至于无为。无为而无不为。取天下常以无事,及其有事,不足以取天下。

导读:

幸福感是内心的思想活动,与人的思想认识水平息息相关。人的认识水平是由认知方法决定的,认知方法的不同,决定了认知水平的高低,直接影响人的幸福感。

解读:

老子把人对自然社会的认知方法分为两大类:一是学派的;二是道派的。按照现代的学科分析方法,可以这样理解这两派:

第一,学派主要以自然科学和艺术技能为主要研究内容的学派,现代教育的理工科和文科都是属于这个范围。

第二,道派主要以宗教和哲学为主要研究内容,严格来说,只有老子之学和现存的几大宗教属道派,但是随着学科的发展,一些宗教研究和涉及的内容与学派产生交叉,发展为现代人文科学的部分内容。

学派和道派都以认识事物为目的,但其方法和角度不同,所以学习的过程和对事物作用的方式也不同。老子以"为学日益,为道日损"提出了两者的根本区别。

第一,学派是"为学日益"。越学越深奥,学科分支越来越多,越研究就会发现每一个学科需要学习的东西越多,所以有"学海无涯苦作舟"之说。现在自然科学的发展已经证明了这一点,各种新的学科越来越多,同一领域的学科内容也大不相同，所以，自然科学知识的学习是一项很艰苦的活动。

第二，道派是"为道日损"。求"道"过程的特点是，越研究会发现"道"的道理越简单，就会发现需要自己主动去做的事情越来越少，最后达到了无为的状态。现在我们可以认识到，"道"真的很简单，就是一、二、三的事，一、二、三是由事物的"无"和"有"两元关系决定的。所以为"道"者，首先要理解什么是"有"和"无"，理解了"有""无"，就可以区分"虚""实"，知道守"静"、守"一"，守"一"才能知道一、二、三的内涵，也就懂得了"道"，也就懂得了"无为""无不为"和"无事"的真正内涵。通俗地说，有些事情真的不用我们去操心、去费力。

人类对自然科学知识掌握和应用水平的快速提高彻底改变了我们的生活，也改变了世界，但是这种发展的最终结果对人类的生存和发展是益还是损呢？老子说"及其有事，不足以取天下"，以学派的思想认识指导社会发展是不行的。

延伸：

"为学日益，为道日损"指出了人类在认知世界上所走的两条不同道路，用现代思想来理解，"日益"在现实中表现为分工，而"日损"则表现为统一。可以说，"学"和"道"两种认知方法没有好坏优劣之分，只有用途的差别。

人类的进步是从分工开始，三次产业的分工促进了人类科技水平的进步，分工是技术进步的诱因，也是社会发展的规律。分工促进科技进步，科技的发展又促进了分工的进一步细化。从生产和技术领域来说，"学"的分工理念是有益的。然而，单一的科学技术在生产生活中是没有实际意义的，只有多项技术统一整合到一个产品才能发挥技术的价值，所以有分工也离不开整合。近年来，信息和电子技术发展的最新成果成为统一各专项技术和产品的纽带，"分工"的细化为"统一"的整合提供了基础，分分合合就这么走到了一起。

就社会管理来说，社会管理是一项涉及多个领域的综合性工作，更适合用"统一"的思想，所以，从这一意义上来说，老子"道"的思想更适合用来指导现代的社会管理。

第四十九章

待人接物的心态

圣人无常心,以百姓心为心。善者,吾善之,不善者,吾亦善之,德善。信者,吾信之,不信者,吾亦信之,德信。圣人在天下,歙(xī)歙焉,为天下浑其心,百姓皆注其耳目,圣人皆孩之。

导读:

幸福感体现在人际关系的交往中,外部人际关系对个人的态度是个人自我评价的重要内容,关乎个人的自我认同和价值感,也是幸福感的主要内容。良好的社会关系状态不仅关系个人的生存基础,更是生活质量的保障。本章节老子主要讲述待人接物的心态。

解读:

外界对个体的态度是由个体对外部的态度决定的,因为人际交往是一种双向的交往,也是相互作用的交往,双方的相互态度决定交往的深度和质量。老子关于人际交往的主要观点有两个:

一是无功利心。"圣人无常心,以百姓心为心","常心"通常指个人私心和功利心。以功利为目标的人际交往是纯商业活动,是赤裸裸的交易行为,纯商业行为无可厚非,钱权色的交易就是功利心在作祟,但凡掺杂了功利色彩的交往则失去了交往的本色。因为交往中双方功利心的不同,也界定出了不同的交往关系,在学习中形成的交往关系是同学关系,在工作中的交往关系是同事关系,等等。

二是怀尊重心。"善者,吾善之,不善者,吾亦善之,德善。信者,吾信之,不信者,吾亦信之,德信"。在交往中,不论对方的情况如何,均以"德""信"

待之。从第十章关于"德"的实质描述中，我们可以感受到，"善之""信之"的实质是对其个体存在的尊重，对其个体自由的尊重，对其个体生存方式的尊重。

本小节最后一段，老子着重讲述了管理关系中的两个基本道理，"圣人在天下，歙歙焉，为天下浑其心，百姓皆注其耳目，圣人皆孩之"。

其意之一，管理关系是主要的社会关系。在所有人际关系中，最重要的是管理关系，可以说是统治者与被统治者的关系，也可以说是管理者与被管理者的关系，具体表现为上下级关系。个体在管理体系中的人际关系状态决定了个人的幸福感，是个人最关心的内容。就现代的从业人员来说，单位主要领导的态度基本上决定了其幸福的程度，领导的一句关心，下属会心暖三天，甚至终生不忘。

其意之二，管理的实质是思想的统一。从管理的角度理解本章的理念，更有实际操作价值。现在的企事业单位少则几人，多到数十人、千百人，一人一条心，万人万般想法，如何实现有效管理？老子指出了一个好办法，就是"为天下浑其心，百姓皆注其耳目，圣人皆孩之"，管理的实质就是"浑其心"，就是统一思想，把被管理者的思想统一起来，统一到管理者的思想下。所以历史上的愚民政策、现代的企业文化建设都是统一思想的具体方法。

不论用什么样的方法来统一思想，有一点不能忘记，就是用什么样的心态对待别人，就会收获什么样的结果。统治者的思想、行为在全社会具有风向标的作用，是百姓模仿和效法的样本，统治者的贪婪只会诱发百姓无尽的欲望，百姓显现的人生百态实际是统治阶层欲望和作为在百姓身上的变种。一句话：种豆得豆，种瓜得瓜。"善者，吾善之，不善者，吾亦善之，德善。信者，吾信之，不信者，吾亦信之，德信"，老子指出，善、德、信是可以统一天下思想的方法。

以善、德、信与人相处，可得福报。

第五十章

端正生死观念

出生入死。生之徒，十有三；死之徒，十有三；人之生，动之于死地者，亦十有三。夫何故？以其生生之厚。盖闻善摄生者，陆行不遇兕（sì）虎，入军不被甲兵。兕无所投其角，虎无所措其爪，兵无所容其刃。夫何故？以其无死地。

导读：
死是生的终结，幸福是生的体验，生与死的观念也是人们幸福感的一部分。

解读：
"出生入死"，由生到死，是人生命的必经历程。在人生的历程中，不论人们对于生死的态度如何，不外乎二大类，"生之徒，十有三；死之徒，十有三；人之生，动之于死地，亦十有三"，长寿的、短命的、在死亡边缘徘徊的人，各占三成。为什么？"以其生生之厚"皆源于人们对生命的态度、生死观的不同，"厚生"之人过度关注生命的躯体，反而徘徊于生死之间。

"盖闻善摄生者，陆行不遇兕虎，入军不被甲兵。兕无所投其角，虎无所措其爪，兵无所容其刃"。这一段写得很玄乎，描写如同武侠小说的情节，出神入化。其实表达的主要思想很简单，就是说明善摄生者与厚生者是不同的，厚生者动之死地，而善摄生者无生地。"夫何故？以其无死地"，心中无生死，则无死地。

前文章节老子费尽心力劝人要爱惜生命和身体，然而老子知道"反者道之动"原理，物极必反，就有那么一些人又走向了另一个极端，太爱惜生命了，太注重对生命的躯体这个大皮囊的保养了，太怕死了，极端到个人所有的活动都以生命为中心。这也偏离了道的要求。所以在本章节老子主要解决这个过度爱惜生命的问题。老子讲究一个度，所以养生也要讲个度。

生死有命，人的"有"的本体只是"无"的载体，生命诚可贵，完成使命也可抛，人的精力本来有限，把有限的精力用在有限的生命上就是生生之厚。从出生到死亡，是人生的必经过程，不要太过在意，让生命遵循"道"的要求，按照自然规律发展就好了，不必要过分地追求长生。

一句话：生命诚可贵，不要当个事。

第五十一章

正确认识"功成"

道生之，德畜之，物形之，势成之。是以万物莫不尊道而贵德。道之尊，德之贵，夫莫之命而常自然。故道生之，德畜之。长之育之，亭之毒之，养之覆之。生而不有，为而不恃，长而不宰，是谓玄德。

导读：

生命的圆满是最大的幸福，在儒家传统观念中，没有什么比功成名就更让人感觉圆满的了。然而成功不是偶然的也不是必然的，受到个人能力和外部环境等多方面条件的影响。本章节老子主要讲述成功的要件。

解读：

"道生之，德畜之，物形之，势成之"。老子认为事物的发展是道、德、势共同作用的结果，也是老子提出的事物发展的四个必要和充分条件。

第一，道生之。道决定事物的本质。引申到人的层面，也就是个人的出身决定了人的先天条件。侧重个人对社会事物的认识程度和对规律的掌握、运用水平。

第二，德畜之。思想行为的修养对个人成长的支持。思想意识影响对人对事物的态度和行为，表现在认识的水平决定了人的发展水平，思想行为修养影响人的生存发展环境，反过来也制约人的发展。可以从"心善渊、与善仁、言善信"三个方面理解。侧重个人的修养，影响到个人在社会关系中的地位和作用。

第三，物形之。直观的意思是把事物具体表现出来，引申解释为把事物如实表达的能力，能力跟人的意识有关，也跟行为的技能水平有关。可以从"政善治、事善能"方面理解。"物形之"有两重含义：一是指事物的外在形态是发展过程中外在的表现形式；二是指成功需要以某种物质为载体体现，例如，奥运冠军的成功需要以比赛为载体，以第一名的形式表现。侧重个人的技能和业务水平。

第四，势成之。时机和形势。事物的发展和人的成长是过程，过程体现在时间、空间上，行为需要正确的时间、适宜的环境。所以要"居善地、动善时"。侧重对成功机会的把握。

万物由"道"而生，因"德"而生长繁衍。万物只是物质存在的形式和状态，是事物外在的表现形式，外部环境、时机成就了事物的发展变化。

就个人的事业而言，如果没有适宜的环境和恰当的时机，取得成功的可能性非常小。营造宽松、自由、安定的社会环境是管理者的责任，按照发展规律做事，不断探索事物发展的奥秘，注重加强自我修养，培养"生而不有，为而不恃，长而不宰"的玄德，是个人的必修课程。

"玄德"是处理社会外界各因素之间关系的准则。按照"玄德"的三条标准处事，就一定能处理好各方面的社会关系，为自己营造良好的发展环境，为自己造就发展的大好形势。

延伸：

中国传统文化中关于人的成功的要件还有一种说法：一命、二运、三风水、四阴功、五读书，这和老子关于功成的要件是基本一致的。命，指个人的出身，出身决定命运，"道生之"也就是出身说；运，时、势、机，"势成之"也就是时运说；风水，也就是环境，"道生之"包含出身和环境两项内容；阴功，指功德，品德对外的结果，"德畜之"包含家族之德和个人之德；读书，指个人的努力，"物形之"，需要个人通过一定的载体实现。后人又有"六名、七相、八敬神、九交贵人、十养生"之说，有狗尾续貂之嫌。

第五十二章

固守根本

天下有始，以为天下母。既得其母，以知其子；既知其子，复守其母，没身不殆。塞其兑，闭其门，终身不勤；开其兑，济其事，终身不救。见小曰明，守柔曰强。用其光，复归其明，无遗身殃，是为袭常。

导读：
幸福是一种守候，对自我归属的固守。

解读：
人的本源就是自我的归属，这种归属感和本源感体现在多方面，区域、种族、家族、家庭和工作单位都关乎个人的根本，是个人之始、之母，是自我应当坚守的本源。

老子开篇第一章就说"无，名天地之始，有，名万物之母"。母就是事物发展的本体、母体。其"子"，是母体生长发育到不同阶段的成果。就个人而言，母和子各有两重含义：

其一，个体与区域和宗族关系是母与子的关系，个人生长的区域和宗族是个人之母，个人是其子。这是人的爱国主义精神和家庭观念的基础。

其二，个人本体与名利、财货是母与子的关系。人的生命之躯体是根本，也是本源，是名、利、财富的母体，富贵、名利和各种欲望所求的东西都是人在生存、发展过程中的"子"，也就是人的生命过程的副产品。爱惜生命才是符合"道"的要求，没有母哪有子呢？

在固守根本上，老子提出了两条道路：

一是"塞其兑，闭其门"，指堵住个人欲望之门。"开其兑，济其事"，指人的欲望之门一旦开启，将走上不归之路，忘记了生命的根本。中国几千年的历史长河中，重"子"弃"母"的忘本事例太多了，国、家被置之身外者有之，舍命求名求财者也不乏其人。

二是"袭常"。"见小曰明，守柔曰强"，要知道从小处和小事做起，保持"柔"的生命状态。"用其光，复归其明"，本意指：光是光线照在物体上的反映，明是光线的来源。要学会从光线上寻找到发光的来源。其引申意思是：要从事物的外部表现发现其内在的本质，从外部表现之"子"，发现事物本质之"母"，是对"既知其子，复守其母"的另一种解读。

一句话，"身体是革命的本钱"，身外之物都是外在之"子"的表现。认识并能做到这一点就是"袭常"，也就能掌握和自觉遵守和运用社会发展规律。

第五十三章

追求本质的过程比结果更重要

使我介然有知,行于大道,唯施是畏。大道甚夷,而民好径。朝甚除,田甚芜,仓甚虚;服文彩,带利剑,厌饮食,资货有余,是为盗夸。非道也哉!

导读:
幸福是一种体验,对生命过程的体验。

解读:
遵从大"道",在成长和发展的过程中体现生存的本质,才能体会生长的奥妙,这一过程的体验感就是幸福。

"使我介然有知,行于大道,唯施是畏",追求事物的本质,是一个过程。"大道甚夷,而民好径",虽然大"道"正途平坦,但是大多数人好走捷径,偏离了"道"的要求和本质。

"朝甚除,田甚芜,仓甚虚;服文彩,带利剑,厌饮食,财货有余",老子从衣食住行等方面列出了当时人们在具体的生产、生活实践中偏离道的实质要求的事例。

宫殿不是生产、生活的重要场所却弄得非常整洁,田地是生产的重要基础却荒芜了,仓库本来是存放粮食的地方却空置了,宫殿、田地、仓库没有发挥其正常的功用,是偏离"道"的实例。在人们的行为方面,有的人"服文彩,带利剑,厌饮食,财货有余",追求华丽的服饰,吃厌了美食,不断地积累财货。这些行为综合地表现为当时的社会主要阶层的行为方式和目的偏离了"道"的法则,偏离了人们正常生活的行为准则,没有把精力用在该用的地方,做了很多不该做的事。

幸福体现在我们生产、生活的每一个细节中，更体现在不同环节和细节的本质中，学会生活、享受过程、追求本质才能体验幸福。一句话：做自己该做的，不该做的事不做。

第五十四章

功德心

善建者不拔，善抱者不脱，子孙以祭祀不辍。修之于身，其德乃真；修之于家，其德乃余；修之于乡，其德乃长；修之于邦，其德乃丰；修之于天下，其德乃普。故以身观身，以家观家，以乡观乡，以邦观邦，以天下观天下。

吾何以知天下之然哉？以此。

导读：
福满堂，满堂福，泽被子孙，泽被苍生，其根源在"德"，大行德广，大德泽群。

解读：
修德从道，不仅仅有益个人，也与周边环境的优化与发展息息相关。对于一个善于坚持大"道"的人，他的德行和修养会影响到他能力涉及的区域，地方的民风、社情都会带上其个人德行的色彩，形成地方风土特色人情。所以，老子说："修之于身，其德乃真；修之于家，其德乃余；修之于乡，其德乃长；修之于邦，其德乃丰；修之于天下，其德乃普。"

个人的德行和功德对环境的影响体现在家庭、乡邻、地域上，家庭和乡邻自不必说，从地方和区域上来说，至今有人还怀有浓浓的地方区域偏见，其道理就在于此，具体表现为家风、家教和乡情、民俗。

德行对个人体现在福泽子孙上，"子孙以祭祀不辍"，表示个人重道修德的善果。也就是佛家所说的因果。老子不重因果，只重道，认为所有的结果都是事物遵循自然规律的必然。佛家认为这是因果关系，有因才有果。虽然说法不同，但是在"果"的来源上，老子与佛家达成共识——修德对子孙后代是有影响的，也就是常说的功德、阴功。

根据"德"对家庭、家族和区域影响的原理，用此办法识人、辨人也非常准确。现代生活节奏快，人际交往复杂。"路遥知马力，日久见人心"的识人之法，难以适合快节奏的生活和工作。短时间内认清对方的人品和行为特点对改善人际关系具有重要的现实意义。可以从三个方面快速对人进行初步识别：

一是看朋友。人以群分，物以类聚，可以从其朋友的言行举止上进行人物性质和特点分析。二是看父母，看其父辈兄弟姐妹之间的关系状态，确定其家庭具备什么样的人际关系基因。一个与亲人都难以相处的人是很难真心对待别人的。三是看行为和语言，具体表现在前文有关章节有相关的叙述。

UNIT SEVENTH
"福"的源泉之自我修养

    幸福不仅在于认知的境界,更在于自我修养的水平。认知境界决定自我对外的感受,而自我修养决定外部与自我的关系。

    老子认为自我修养要把握四个方面的要点:做到内修以"德","玄同"内外,以"无"处事,以"正"做人。还要处理好三个方面的关系:生产和消费的关系,个人所在群体内部的关系,个人所在群体与外部群体的关系。要以"道"认识人和事物,以"道"自修处事,这样就可以达到心想事成——"求以得"、万事如意——"终无难"的幸福理想境界。

第五十五章

修"德"于内

　　含德之厚，比于赤子。毒虫不螫(shì)，猛兽不据，攫鸟不搏。骨弱筋柔而握固，未知牝(pìn)牡之合而朘(zuī)作，精之至也。终日号而不嗄(shà)，和之至也。
　　知和曰常，知常曰明。益生曰祥，心使气曰强。
　　物壮则老，谓之不道，不道早已。

导读：
德行在自我修养，修德要找准方法，防止走入误区。

解读：
　　老子首先对德行深厚之人的现实表现作了全面的描述："含德之厚，比于赤子。毒虫不螫，猛兽不据，攫鸟不搏。骨弱筋柔而握固，未知牝牡之合而朘作，精之至也。终日号而不嗄，和之至也。"
　　老子用婴儿来形容厚德之人，可以从两个方面来理解：
　　一是德厚之人精气充沛，生命常新，身体保持精、气最佳状态。婴儿代表着新生命的开始，精力充沛强健，这是身体精和气达到的最好状态。
　　二是德厚之人受人爱护，源于人以"德"处世，为自己营造了一个和谐的生存发展环境。对于婴儿，几乎人人都爱之、护之、怜之、养之。"毒虫不螫，猛兽不据，攫鸟不搏"，有害的、有杀伤性的、有攻击性的都不会主动伤害德行深厚之人。并非这些东西不能害人，而是厚德之人创造了一个人与人、人与动物安全、和平、和谐相处的生存环境——"和之至也"。
　　对于自我修德的方法，老子给出了四个意见：两知、两忌。
　　第一，两知：知和、知常。

"知和",即"万物负阴而抱阳,冲气以为和"之"和"。"和"指阴阳相处达到的境界,对于人与人之间的关系,"和"的基础是"信","信"的基础是"德","知和曰常",明白这个逻辑和关系,就把握了修德的规律和方向。

"知常",本章节指出"知和曰常",第十六章指出"复命曰常","常":有永远不变、规律等意思。知道了"万物冲气以为和"的内涵,了解了"信、德、和"的关系,掌握了万物回归本源的发展规律,就是"知常",也就达到了"明":明白四达的境界。

从这两点来讲,修德的关键就是两个方面:一是在于自我对外界事物的态度,要以德、以信;二是自我对事物发展规律的认识程度,对事物发展基本规律认识不明会影响到个人德行修养的程度,从这一意义上来讲,"德"与"道"是纠缠在一起的,难分难解。所以《老子》一书又称《道德经》就可以理解了。

对于德和道的理解,至今难以明言,多以心传,是否可以这样简单地区分:道是天、地、人、万物之道,而德是人之道。

第二,两忌:忌祥、忌强。

"益生曰祥","益生"指过度注重身体,"祥"指妖,太过关心养生就是妖了。后来一部分修道者走向了养生修道以求长生不老的路子。吕洞宾、铁拐李等八仙是比较出名的修道成仙的例子,这些传说非常动人,可是现实中把成仙当成真事来做的人就不是神仙了,就是老子所说的妖。老子实在想不到他的一部分后学者竟然走上了"益生成祥"的路子,中国的传说中多了许多的神仙,现实也多了不少妖孽。

"心使气曰强","心"指思想,"气"指精神状态,"强"指固执、僵硬,意思是以个人的心态调节自我的精神状态,也就是自我心理调控能力不足,容易感情用事。感情用事和以自我人为情感因素处事是"道"的大忌。

"强"固执、僵硬,是事物老壮和僵死的表现,所以,老子再次感叹"物壮则老,谓之不道,不道早已"。

第五十六章

"玄同"内外

知者不言,言者不知。

塞其兑,闭其门,挫其锐,解其纷,和其光,同其尘,是谓玄同。

故不可得而亲,不可得而疏;不可得而利,不可得而害;不可得而贵,不可得而贱。故为天下贵。

导读:

共同的思想认识是关系和谐的基础,人与人之间不以利益为标准确定亲、疏、利、害、贵、贱等差别,达到思想一致、行为统一、关系和谐、没有差异的大同世界,才是人间之大福祉,故为"天下贵"。

解读:

统一思想和行为的方式有两种:

一是"知者不言","行不言之教"是"在道者"的方法。"不言之教"的具体要求和做法涉及前文各章节的具体内容,是由"人"的认知境界决定的。"天、地、人"三才之说也是三种境界的区别。在人的层面上认识"人"与在人的自然属性上认识"人"的境界有迥异的差别,儒家以"人"认识人,以仁、义、礼为基础的"三纲五常"约束人的行为和社会关系;老子以"道"认识人,"无为、不争、不言"是其协调人的行为和社会关系的外在方式,实际内涵非常丰富,前面章节多有解读。

二是"言者不知",是为"学"派的方式。"言",在此指发号施令、教导规劝等影响对方思想和行为的言辞,具体表现为循循善诱、谆谆教导、耳提面命等,同时加以强制性的惩罚和约束,机制完善,手段无所不用,以达到目的为标准。

人的思想、欲望各不相同，品格个性各异，相互之间关系复杂，人心难以统一，这是世界之所以被称为大千世界的原因，人生几度悲欢离合，生活万象丰富多彩。我们无法想象，社会上每个人的思想和行为达到了惊人的一致，世界会变成什么样子。军事化？宗教化？社会上所有人都变成一个样子是非常非常恐怖的。

"塞其兑，闭其门；挫其锐，解其纷；和其光，同其尘；是谓玄同"，统一人们的思想，消除个性差别，化解相互纠纷，防止群体分化，利益普惠天下，实现统一和谐，是老子提出的玄同境界。达到这一目标，就要坚持"无为"之道："不可得而亲，不可得而疏；不可得而利，不可得而害；不可得而贵，不可得而贱。"不能以利益为参照分亲疏、定利害、别贵贱，这样做是对管理对象实行差异化、歧视性待遇的具体表现，实质是多轨制管理，不能做到一视同仁。此章节老子给我们两个重要启示：

其一，统一思想是管理行为的重要措施，思想的统一促进关系的和谐。所以才有了"理解万岁"之说。

其二，管理的"一视同仁"思想，不戴"有色眼镜"看人，每个个体都遵循统一的标准。

要防止一个误解："玄同"，在统一思想方面，不是统一到一个具体的思想意识上，而是把人们的思想意识统一到关于事物发展规律的"道"上，万物皆有"道"，必须尊重个体的独立和自由，用时髦的话说就是尊重事物的多样性。以"道"的自由、发展、和谐为基点的"同"才是"玄同"。企图把一个群体所有成员的思想、意识甚至行为统一到一个人的思想意志下，是大同思想的一种极端现象，是邪教和恐怖思想的源头。

第五十七章

"无"以处事

以正治国,以奇用兵,以无事取天下。吾何以知天下之然哉?以此。天下多忌讳,而民弥贫;民多利器,国家滋昏;人多伎巧,奇物滋起;法令滋彰,盗贼多有。

故圣人云:"我无为而民自化;我好静而民自正;我无事而民自富;我无欲而民自朴。"

导读:

幸福与自我思想的认知相关,幸福也体现在个人行为对外作用的影响上,因为个人对外作用的影响是双向的。

思想认识属人之"无"、人之"内",虽然可以左右人的行为,但自我的内心活动是不对外做功的,只有外化于行为才具有对外的影响力和作用力。本章节侧重讲述行为对个人和外部的影响。

解读:

《老子》列举了若干符合"道"的行为在具体社会生产、生活中的现实表现。

治国、用兵、取天下,是春秋战国时期国家管理最重要的工作内容。治国以正,则民风纯正;用兵以奇,方可制胜;取天下以无事,可节省民力和物质消耗。这是老子明确提出的三大政治事务的管理之道。"治国以正"指"正"是国家管理的主导思想,"取天下以无事"指国家管理的具体行政措施是无事。

无为之治民风自化,是一个自然向正发展变化的过程。上流阶层的仪态、居住、行为采取静的态度,不求奢华、不夸张、不招摇,百姓的行为自然向端正方向发展。治国以无事,不大动干戈,不大兴土木,不浪费国力、民力,百姓自然富足。

"故圣人云：我无为而民自化；我好静而民自正；我无事而民自富；我无欲而民自朴。"一句话道出了社会治理的真谛。

其一，圣人在社会管理中具有决定性作用。百姓的自化、自正、自富、自朴不是百姓自发使然，而是统治者的作为使然，是圣人"我"的管理行为的具体结果。

其二，"无为"指管理措施，"大制不割"。表现为不以某种利益为导向制定有倾向性的管理制度，管理措施不伤害相关群体的本质利益。

其三，"好静"指管理理念和行为的活跃度，指思想导向要稳定。具体的管理措施可以按照发展阶段进行变革，但管理的指导思想必须相对稳定，旗帜不鲜明、不固定则被管理者就失去了导向。

其四，"无事"指管理者的管理需求，也可以理解为政绩观问题，不好大喜功。始皇帝以开疆扩土为功，则征战六国，汉武帝以平定边患为功则征讨匈奴，后世多好贪图个人享受，则修宫殿建游园，劳民伤财。

其五，"无欲"指管理者个人的行为和喜好。上流社会的喜好对整个社会具有导向作用，"楚王好细腰，宫中多饿死"，是对这一思想最生动和现实的表述。社会统治阶层、上流社会人士影响民风和社会风气，因为他们是公众人物，是社会的风向标，现代社会的风向标阶层具有扩大的趋势，由政治领域扩及经济、文化等多行业。

第五十八章

做人要"正"

其政闷闷，其民淳淳；其政察察，其民缺缺。祸兮福之所倚，福兮祸之所伏。孰知其极？其无正也，正复为奇，善复为妖。人之迷，其日固久。是以圣人方而不割，廉而不刿，直而不肆，光而不耀。

导读：
方寸之念虽小，起于正者有福。

解读：
"正"，指符合、服从规律和道理。做人要正，指人的思想、行为、品行要正，服从规律和道理。本章节老子说这是"道"对圣人的要求，是统治阶级、上流社会、管理者的行为准则，更应普及为做人的准则。

本章节《老子》侧重从为政者的角度讲述要"正"，也就是当"官"要正。现实中，不论官与民，其基本的思想行为都要遵行"正"的要求。在"正"这一点上，老子、儒家和佛家达到了惊人的一致，没有思想上的分歧。

本章节主要讲述了两个方面的内容：

一是无"正"的后果，"无正"则"人迷"。

"其政闷闷，其民淳淳；其政察察，其民缺缺。祸兮福之所倚，福兮祸之所伏。孰知其极？其无正也，正复为奇,善复为妖"，用以说明，政治的"闷""淳"和社会现实中的福与祸、正与奇、善与妖的变化，都是阴阳转变的正常现象，但是这种转变是没有规律可循的——"无正"，所以容易导致人们对社会发展有关问题产生迷乱和迷惑。

二是"正"的具体要求，表现为"方而不割,廉而不刿,直而不肆,光而不耀"。

为政者要引导百姓保持淳朴之气，防止诡诈之风，必须坚持从自身做起。

"方""廉""直"，三个词都用以界定人的言行，"方"，方方正正的物体外形有规则，侧重指做人要有规矩、讲规则；"廉"本意指屋的侧边，具有边界之意，侧重指人的行为要有约束、有边界、有底线；"直"与曲相对，侧重指为人要坦率、不阴暗。"割""刿"有伤害之意，"肆"有任性、任意之意，"光"，指自然温和之光，耀，指光线的强度、色彩超出了人的承受能力。所以，此句可理解为做人言行举止要正直、方正，讲规则、讲道理、守规律，不伤害别人的身心和财物利益。

其原理是"无"和"有"决定了事物的两极变化，要防止事物向不利于人的祸、奇、妖等异端方向转变，"无之以为用"的道理要求必须从"无"抓起。即人的思想、言行等属于"无"的要素内容必须为"正"。明代大学士张居正的名字就取此意。

第五十九章

生产和消费的原则

治人事天,莫若啬。夫唯啬,是谓早服;早服谓之重积德;重积德则无不克;无不克则莫知其极;莫知其极,可以有国;有国之母,可以长久。是谓深根固柢、长生久视之道。

导读:

生产和消费是人类的主要社会活动,生产与消费的平衡关系生活的质量。所以有人说人生最悲哀的事,是"人活着,钱没了"。

本章节老子讲述了人类社会活动的根本原则是"啬"。

解读:

实践"道"的第一要领就是"啬"。"夫唯啬,是谓早服"。"啬"的理论基础是第十六章关于事物归根、复命的有关内容。可以从两方面理解:

第一,归藏是生命的本质过程。第十六章,"夫物芸芸,各复归其根",回归是一种归藏行为。

"啬",本意是指收获谷物放入仓库,引申为收藏、保护、爱惜之意,在生产上理解为收储,做事上可理解为节约、节省。生产和消费是人类最基本的活动,遵从于"道"就要从基本活动上做起,所以在人类必需的生产和消费上做到"啬",就是服从"道"的开始。

第二,"积"是新生命的物质储备,没有积的结果,则难以有新的开端。

"啬"在本意上有"积"的意思,把"啬"升华到人的思想意识层面,并以此为指导做人做事,也就是"积德"了。"积",强调了一种心态,一个过程。"道"的本质也是人的思想行为在社会治理中实践、应用的过程。

珍惜人力、物力、精力，是顺从自然规律的表现，节约、集约意识落实到行动中，是实践和应用的过程，体现为积"德"，是发展资本的积累和沉淀。积累的数量和质量是新发展的物质基础，所以"重积德则无不克"，在生产、生活和竞争领域，积者就是胜者。明代朱元璋采用的"缓称王、广积粮"战略是其成功的基础。

"无不克则莫知其极，莫知其极，可以有国；有国之母，可以长久"，就很好理解了，因为"啬"而保存物力、精力，得以巩固和加深根基，积累、保持了不可战胜的实力和底气，所以底气和实力让人摸不透，不敢对其进行伤害，达到无敌的境界，这是保持长存不败的法则。"积德则无不克"，有德者不可战胜，也就达到了维护国家平安的目的。

第六十章

内部关系的处理

治大国，若烹小鲜。以道莅天下，其鬼不神；非其鬼不神，其神不伤人；非其神不伤人，圣人亦不伤人。夫两不相伤，故德交归焉。

导读：

关系处理是"道"的主要内容，个体与个体、个体与群体、群体与群体是人类社会的三大主要关系。人以群分、物以类聚，在同一群体内部也会因利益、血缘、地域等因素划分为不同的小群体，作为一名主要管理者，协调处理好内部小群体的关系也非常重要。本章节，老子主要讲述处理群体内部关系的法则："不伤人"，不伤人之基在于"德"。

解读：

管理的本质是协调关系，关系协调的基础是利益。"不伤人"实质是不损害相关方的利益，这个利益包含个体生命、名利、物质占有等方面的内容，指不危及其生命、不损害其基本的物质利益。

"治大国，若烹小鲜"，引申为管理不损害被管理者的权益原则。要从"烹小鲜"的心理状态和操作措施两方面理解其具体含义：

一是不伤人之心；二是不伤人之举。

烹，讲究色、香、味。"烹小鲜"首要保证小鱼的完整性，要防止把鱼煮烂了、炒碎了，就不能在烹制的过程中有过大的翻动动作，像炒豆子一样是不行的。引申到管理上，其意指管理活动以不影响被管理者的正常生产、生活秩序为原则，也就是"不折腾"。

"两不相伤"是管理者与被管理者在管理体制下保持的正常关系秩序。

按照老子关于"道"的"同于德者,德亦乐得之,同于失者,失亦乐得之"的相互作用原理,"圣人亦不伤人",则人亦不伤圣人。管理者采取"不伤"的管理措施,同样会得到被管理者"不伤"的回应。相互作用的双方相互不侵害,这就是双方之"德"互应回归的道理,这是相关双方作用的道理,跟鬼、神等神秘事物是无关的。老子在此没有否认鬼、神存在的思想,但是否定了鬼、神对"道"的影响,再次强调了"道"是客观存在的,"德"是"道"发挥作用的基础。

"德"体现在个人单方面是修养,双方以"德"相待,则"互不相伤",双方共同营造的氛围表现为"和气",故德交归焉。

第六十一章

对外关系的处置

　　大邦者下流，天下之交，天下之牝。牝常以静胜牡，以静为下。故大邦以下小邦，则取小邦；小邦以下大邦，则取大邦。故或下以取，或下而取。大邦不过欲兼畜人，小邦不过欲入事人。

　　夫两者各得其所欲，大者宜为下。

导读：
　　在传统的关系分类中，以利益冲突为标准划分的一种关系状态是竞争关系，利益一致则合作，相互制衡则竞争，直接冲突则对立。在老子道的理论中没有竞争观念，只有关系状态的区别。从前文我们认识到老子说的人际关系主要有两种：一是圣人与民，现代指管理者与被管理者，这类关系的决定权在圣人，也就是主要管理者；二是邦与邦，用现代理念可以理解为国家与国家，也可以理解为社会组织与组织，也可以理解为同一群体中地位相当的两个竞争者，这类关系的决定权在于双方中的"弱"者或"居下"者。

解读：
　　本章节，老子对竞争双方关系提出了三点理论：
　　一是双方只有大小区别，没有强弱之分。大小的区别在外部形态，以人口、资源和占有数量为区别。老子的理论中"强、弱"是生命状态的表述，而不是竞争实力的差别。
　　二是有欲者居下。双方相处，有索取欲望和想法的一方要"居下"。"居下"不是示弱、示好和讨好，其核心目标是维护双方之间正常交流、交换的关系状态。"牝常以静胜牡，以静为下"，居下是达到静的基本条件，静则双方关系稳定，这是居下的理论基础。双方都欲居上，则关系状态必然变化，变则动，动则表现为冲突或战争，破坏了双方的关系状态，损坏了双方交流交换的基础，不能双方得利。

居下，才能有向上的发展空间，具有承上的作用。在自然规律中，居下是因为重，重者静，静为复命，也就是回归事物之本，可以没身不殆。双方居静、处下则可以两不相伤，同归本命。

三是以"取"为核心，不以胜负、生死定输赢。"取"是达到欲求目标，以你死我活为目标的竞争，则不是双方相处之道，其结果是对自我发展状态的损坏。

本章节是第十六章"致极虚，守静笃"原理应用在处理双方关系时的具体措施。

第六十二章

心想事成

道者,万物之奥,善人之宝,不善人之所保。美言可以市尊,美行可以加人。人之不善,何弃之有?故立天子,置三公,虽有拱璧以先驷马,不如坐进此道。古之所以贵此道者何?不曰:求以得,有罪以免邪?故为天下贵。

导读:

前文老子以十六个小节的篇幅从个人思想认识和内在修养两大层面讲解了幸福的本质,本章节和第六十三章对"道"指导人们幸福生活的意义进行全面总结。本章节的意思是告诉人们:遵守道,可以让你心想事成。

解读:

本章节老子分三段来讲:

第一段,"道"对人的意义:道者,万物之奥,善人之宝,不善人之所保,对善人和不善人都有意义。

第二段,"美言可以市尊,美行可以加人",以美言、美行对人都有包装功能为引导词,引出人们对"道"对人的意义的思考。

第三段,"道"对人的影响,"坐进此道"对人的意义在于"求以得,有罪以免",有求必应,免除过失。

心想事成是对人们最美好的祝福之一,免除过失是人生行为和决策是否正确的评价标准。天底下还有什么能比得上"心想事成""免除过失"呢?想什么就能办成什么,做什么事都不犯错误,真是太理想了!这种感觉就是幸福感!所以,老子说"立天子,置三公,虽有拱璧以先驷马,不如坐进此道",天子、王公也不如坐进此道,这就是"道"为天下贵的原因。

第六十三章

万事如意

为无为，事无事，味无味。大小多少，报怨以德。图难于其易，为大于其细。天下难事，必作于易，天下大事，必作于细。是以圣人终不为大，故能成其大。夫轻诺必寡信，多易必多难。是以圣人犹难之，故终无难矣。

导读：
"道"具有有求必应和免除过失的作用，所以以"道"处事则没有难事，"为无为""事无事"就可以达到"终无难"的境界，"终无难"的意思是每件事情做起来都没有困难和阻碍，这是"万事如意"的境界，也是幸福的最高境界！

解读：
"心想事成""免除过失"也不是随随便便就能够达到的境界，其前提是"坐进此道"，做事以"无"，做到"为无为，事无事，味无味"，万事从"无"才是对"道"的实践。

"为无为，事无事，味无味"，讲究的是一个"无"字，万事从"无"，从"零"开始。具体含义可以引申为从小做起，从容易的做起。

"天下难事，必作于易，天下大事，必作于细。是以圣人终不为大，故能成其大。夫轻诺必寡信，多易必多难"，指在具体实践"道"的过程中，在迈向所谓的成功的过程中，做事有难易，目标有高低，成果有大小，获利有多少。思想上虽然有求多、求大的欲望，但不要有轻松实现的妄想。在具体落实的过程中，务必在思想上高度重视，从细节抓实抓紧，防止说大话不办实事，坚决杜绝思想放松、行为放纵现象。如此，可做事无难，万事如意！

UNIT EIGHTH
制"胜"之道

在老子的思想中,人的自由、发展是其本质,所以人与人之间是"无争"的,没有竞争,所以就没有胜负之说。胜负是其他传统理论的概念,例如,现代市场经济理论中的竞争法则,还有所谓的丛林法则,其"胜负"以不是你压倒我就是我压倒你,不是你死就是我活为标志。

本单元以"制胜之道"来命名,是以传统主流思想解读老子思想的方法,以帮助人们以传统主流观念来理解老子思想的实质。从本章节论述来看,如果按照老子思想处事,就可以达到"胜"的目标,也就是主流思想所谓的制胜之道。

然而在老子思想的本意中,本章节的实质思想是顺其发展之道,事物发展的规律就是这样的,人们要认识并遵守其中的规律,才能保证事物按预期发展,达到发展目标,也就是所谓的"成功"和"胜利"。

现代主流思想的"胜",以降伏对手或抢占利益标的物为标志。

老子思想的"胜"就是"功成",以事物发展完成阶段性使命为标志,使命完成则"功成身遂"。

第六十四章

顺其自然的发展意识

其安易持，其未兆易谋；其脆易泮，其微易散。为之于未有，治之于未乱。合抱之木，生于毫末；九层之台，起于垒土；千里之行，始于足下。为者败之，执者失之。是以圣人无为，故无败，无执，故无失。民之从事，常于几成而败之。慎终如始，则无败事。是以圣人欲不欲，不贵难得之货；学不学，复众人之所过，以辅万物之自然而不敢为。

导读：

成功就是胜利，成功之道就是制胜之法。对于成功的理解和认识，各家思想的认识有差别也有共同之处：

其一，对功成和胜利的界定。老子思想认为功成是事物发展的规律必然，所以要"功成身遂"。儒家以"修身齐家治国平天下"之功为功。现代市场经济理论中以经济组织的规模和财富的占有为标志。

其二，对个人在成功中的作用。儒家和现代管理学非常强调个人能力的重要性，把德、勤、能、绩作为认定一个人成功的评价指标。老子坚持"无为、无争"，认为个人在发展中不能干扰事物发展规律，违背规律行事。

其三，各家共同之处在于对个人在成功过程中所需具备的基本意识是一致的，本章节老子有专门论述。

解读：

违背发展规律做事是不可能成功的。本章节老子指出了事物发展阶段性的三个基本特征：

第一，事物的发展是一个过程，这一过程表现为阶段性，每一个阶段有其特定的标志和特征。把握事物发展的规律，关键在于掌握事物发展阶段性的特征，顺势而为，才能掌控事物发展全过程，控制全局，这是制胜的基础。所以"其安易持，其未兆易谋；其脆易泮，其微易散。为之于未有，治之于未乱"是这一思想的具体体现和实践。

第二，事物发展的过程是物质随着时间而"积"累的过程。"合抱之木，生于毫末；九层之台，起于垒土；千里之行，始于足下"，老子以自然事物和现实行为的规律证明事物发展的阶段性，从中我们可以体会到十年树木、百年树人是一种积累，宏伟建筑是一种积累，所有的成功离开了积累和实践只是梦中花、水中月。所以，功成名就和胜利不是一日之功，必须踏踏实实地按照规律从无、从头、从零做起，这是走向成功之路的开端。

第三，事物发展是不能超越阶段而跨越的。事物发展的过程和阶段是不可逾越的，"为者败之，执者失之。是以圣人无为，故无败，无执，故无失"。在人类历史上妄图跨越阶段而进行理想主义实践的梦想家无一不以失败告终，空留遗憾和灾难。

本章节内容丰富，含义深远。我们还可以从个人做事所具备的意识角度来理解，也就是人在具体的实践活动中必须具备的意识，也就是成功者的基本意识，共有四点：

一是注重把握时机，为之于未有，治之于未乱。

二是做事循序渐进，千里之行，始于足下。

三是不要主观，不要保守、固执，为者败之，执者失之。

四是慎终如始，坚持就是胜利。

在培养成功意识的过程中，要坚持三种理念：

一是严防欲望迷惑对发展目标和阶段性的判断。防止过度欲望影响正常行为，"欲不欲，不贵难得之货"。有些人往往会被阶段性取得的利益迷惑。

二是在发展的过程中不断修正和改正错误，"学不学，复众人之所过"。

三是端正功成的理念。"以辅万物之自然而不敢为"，个人的成功是辅助万物按自身规律正常发展的结果，不是个人主观能力和推进的结果，要"功成而弗居"，要"不敢为"，不能任性而为。我们可以体会为什么到此老子也没有专门论述个人能力的问题。在此章节，老子再次表明：成功都是必然，个人只是发展中的一环，所有以个人成功为成就的认识和做法是不符合道的认识的。因为，把成功归于个人能力是利益参照系下的判定结果，在老子的规律参照系下，成功是事物发展的必然，"势成之"而已！

第六十五章

统一思想的目标管理

古之善为道者，非以明民，将以愚之。民之难治，以其智多。故以智治国，国之贼；不以智治国，国之福。知此两者亦稽式。常知稽式，是谓玄德。玄德深矣，远矣，与物反矣，然后乃至大顺。

导读：

成功不是一个人的成功，是共同的进步，是团队共同作用的结晶。团队关系和谐是基础，目标和认识一致是关键。所以，建设一个有"战斗力""生命力"的团队在于统一团队的思想认识。

解读：

从团队建设的角度理解本章节非常有现实意义。前文老子明确了管理的主要目的是促进关系的和谐，在本章节老子主要讲解团队管理的指导思想就是统一个体的思想认识。

其一，管理的指导思想在于把人们的思想统一到一个认识和一个目标上。所以，"古之善为道者，非以明民，将以愚之"。在这里要防止把"愚民"思想理解为"道"的措施，"愚民"只是老子为当时的统治阶层找出的一个统一百姓思想的便捷方法。管理的指导思想应当是统一人们的思想认识。统一人们的思想是很难的，老子提出了一个非常简单有效的方法，那就是"非以明民，将以愚之"，让百姓都没有过分的思想就好办了。

其二，老子认为欲望是思想多元、社会混乱的原因。"民之难治，以其智多。故以智治国，国之贼；不以智治国，国之福"。欲望源于人的思想多、想法多，愚民思想是最好的统一思想的办法。我们知道愚民措施在一定程度上确实能够达到安定民心的作用。但是历史中，统治阶级为了达到"愚民"的目标，采取了很多强硬的措施和办法，焚书坑儒、罢黜百家独尊儒术等。虽然实现了愚民的目的，却违背了"无为"之道。顾此失彼，我们知道违背"无为"之道的措施后果很严重，其结果不是人力所能控制的。在这里我们可以共同思考一个问题，在统一人们的思想认识上，究竟还有没有比"愚民"更好的办法呢？怎么会找不到呢？

其三，老子不仅给出了"愚民"的具体操作方法，更具有思想意义的是提出了统一思想认识的工作规则也就是"稽式"，"常知稽式，是谓玄德"，所以"玄德"是统一思想工作的规则。老子第十章提出"生之畜之，生而不有，为而不恃，长而不宰，是谓玄德"。"玄德"不仅是个人之品德，本质上更是真正给予他人"自由"。在社会上对"自由"的本质进行重新界定和广泛倡导，不再强调自我之自由而真正给他人以自由，社会才会有真正的自由，才能实现真正的发展，才能凝聚起全社会的力量。

第六十六章

虚实之间的交换法则

江海所以能为百谷王者,以其善下之,故能为百谷王。是以欲上民,必以言下之;欲先民,必以身后之。是以圣人处上而民不重,处前而民不害。是以天下乐推而不厌。以其不争,故天下莫能与之争。

导读:

胜负以功成为标志,以利益标的物的获取为标的,这个标的可能是双方的一次成功交换,也可能是掠夺的结果,实质是物质或精神在双方之间的交换或交流。真正认识物质与精神交换、交流的法则,才能体会成功之道,懂得什么是胜负的本质。

解读:

胜是降伏,要么是负者与胜者物质上的交流,要么是负者精神上的屈服。人与人之间的关系,实质就是人与人之间物质交换和精神交流的过程,物质与物质的交换是实与实的交换,精神与精神的交流是虚与虚的交换,以精神换取对方物质的付出是实与虚的交换。思想精神方面以虚的形式体现,表现为信任、亲密、服从、尊敬、关心、爱护等。物质方面以实的形式体现,是一方给另一方财富、名利、权力等。

虚与实之间的交换和交流遵从交换的法则。人际间的交往就是交换行为,要么是虚与虚的交换,要么是虚与实的交换,要么是实与实的交换。不交换而企图获取是一种不"道"行为,会导致人际关系恶化,表现为盗、抢、战争、冲突。

虚与实的交换,多体现在管理者与被管理者层面上,体现为管理者给予被管理者名位或相关资源,而被管理者对管理者给予精神的拥护和物质上的供养。

"欲上民，必以言下之；欲先民，必以身后之"是"不争"思想的精髓。欲上民和欲先民，可以理解为统治者有获得百姓的精神的拥护和物质上的供养的主观需求。"以言下之"，可以理解为不以言辞居上，言行上的谦恭换取百姓精神上的拥护；"以身后之"，可以理解为享受在后，用实际行动换取百姓思想上的支持。精神上凌驾于上，物质上贪婪索取，不愿付出，只图回报，这种妄图获得精神和物质双丰收的欲望是不会如意的。"鱼与熊掌不可兼得"，这是孟子用更加生动和接地气的语言表达了同样的思想原理。

实与实的交换更多地体现在现实商业社会的正常贸易活动中，以平等、互利、自愿为原则。

虚与虚的交换体现为思想上的相互认可和交流。

"求以得"，一得为实，得到实物和财富；另一得为虚，得到尊重、认可和支持。得，是双方交换的结果，一是以实换实；二是以实换虚；三是以虚换虚，想得到什么就看自己需要什么和有什么了。

物质所有权与支配权的转移，实质是双方的交换行为。人际间的交往表现为思想行为的互动，行为发生往往是以物质为载体和媒介的，人际间的交往实质是思想精神层面的交流和认可，"是以天下乐推而不厌。以其不争，故天下莫能与之争"。

第六十七章
行"道"的简易规程

天下皆谓我道大,似不肖。夫唯大,故似不肖。若肖,久矣其细也夫!我有三宝,持而保之:一曰慈,二曰俭,三曰不敢为天下先。慈故能勇;俭故能广;不敢为天下先,故能成器长。今舍慈且勇,舍俭且广,舍后且先,死矣。夫慈,以战则胜,以守则固。天将救之,以慈卫之。

导读:

夫唯道善贷且成,只有坐行此道才可以功成。然而一些不了解道的本质的人认为"道"的内容面宽量大,甚至深奥难懂。为了化解疑惑,老子在看似博大精深的"道"中,总结提炼出一个对于任何人都可以简单易行的操作规程。

解读:

老子指出,道大是理大,道小是做易,具体做到三点就可以了:

一曰"慈"。也可以说是对第十章节"长而不宰"的深度解释。"慈"的本义有助人之心和帮助别人成长之意,是内在德行修养在个人行为举止上的外在显现,是德行修养外化于形的结果,体现的是人的气质和特质。"慈"对外是一种关爱,结果是不伤害,所以为人理解和支持。后来儒家有"温良恭俭让"五德之说,其中"温良恭"的理论来源实质上就是"慈",是后代儒家对"慈"在指导人的思想行为细节上的深度阐释。

"慈故能勇","勇",气也。勇是一种源自内心的气,发自人的内心,源于慈,表现为人的精气、底气、勇气,是胜的力量之本,所以,慈,战则胜。有"慈"之心,才知"勇"之当为不当为。

二曰"俭"。行为的发生需要精力和物力支持,行为也将对外界事物产生影响和结果。"俭",在本义上是自我约束、不放纵,表现为无"余食、赘行",体现的是"德"对行为影响的过程和结果,是人符合"道"的本体的正常欲求表现。

"俭故能广","广"本义是上覆者大、下通者宏远。人的外在表现为俭因为其内有德,第五十四章"修之于天下,其德乃普",上覆以德,泽及天下,所以说"俭故能广"。因"俭"所以能节约,有归藏,才有充足的生存物资保障,生路宏远。

三曰"不敢为天下先"。一是体现在待人接物的思想上,要做到"后其身而身先"之"后",是"温良恭俭让"之"让"的理论来源。二是体现在行为上,在思想认识上要知"天下先",做到时刻把握发展方向和规律,思想引领潮流,勇当领头羊,但是具体行为不能超出发展规律,不要超越发展阶段,滞后于规律发展的阶段就是保守和落后,超出发展规律就是冒进、浮夸、拔苗助长。

"不敢为天下先"要防止两种倾向:一是防止行为不果断,等等、看看,走在了别人后边,错失发展机遇;二要防止超前作为,事物自有发展的规律,违背规律必然会受到规律的惩罚,受到自身超前行为的反作用力影响,受到伤害。

"不敢为天下先"更适用于社会管理,社会管理的变革不能滞后,更不能太过超前。然而更难得的是如何正确认识和把握社会发展不同阶段的规律。

"不敢为天下先",在技术生产领域也具有指导意义。超前储备技术,做好企业的内功是必要的,但是把先进的技术落实到具体产品上则要慎重。超出人们的认识水平、应用水平、生活习惯的高新技术产品在市场开拓上会有很多麻烦,超前的、超出企业承受能力的技术研发、技术储备、市场开拓会给企业带来致命的伤害。

延伸:
后人多以出世、入世作为老子、儒家和佛家三大思想的本质区别,认为老子思想可入、可出,儒家重入世,佛家在出世。出世、入世思想实质上是对利益的选择,有利于自己则入世,不利于自己则出世。老子思想在实质上没有出世、入世的选择,完全遵从于规律,取决于"时""势",使命来临则责无旁贷,功遂则身退。

有后代儒者以"不敢为天下先"作为老子出世的证言,是断章取义,没有看到老子"慈故能勇"的智慧底气,更不能体会"夫慈,以战则胜,以守则固"的豪气。孔子之后后世儒家对"温良恭俭让"的解读完全符合老子"慈"的本意,但是丢掉老子关于"慈"的重要"背书"——"勇"。老子担心后人"舍慈且勇",万万没有想到后世的舍"勇"且"慈"。后来儒家的"三纲五常"和"八德"中没有提及"勇",博大精深的中国文化思想逐渐缺少了"勇"的底气和锐气,原本强健的思想肌体日益柔弱。

第六十八章

无敌者无敌的胜战法则

善为士者，不武；善战者，不怒；善胜敌者，不与，善用人者，为之下。是谓不争之德，是谓用人之力，是谓配天，古之极也。

导读：
胜者的最高状态是无敌，竞争的最高境界是无争。无争者则无与之相争者，所以无敌。

解读：
老子对竞争各环节相关要素进行了简要分析：

第一，对抗竞争的原始方式是武力，真正的战士是不以武力为胜利的基本要素的，胜利的决定要素不是武力装备和力量。

第二，善战者的最佳心态是不怒，怒是"心使气"的表现，"心使气曰强"，"强"是没有生命力和竞争力的状态；怒也是思想之躁动，是"虚静"本源的相对，不是事物最佳状态。

第三，制胜的最好措施是不战而胜，战表现为战斗和冲突，双方关系恶化极致的状态，与"道"的"和谐"是相背的。不战而胜，是有原因的，一是因为实力悬殊，不敢与之战；二是因为境界悬殊，无法与之战。比如，在现代市场经济的企业竞争中，有的企业以市场为重点，有的以品牌为中心，有的以标准为引领，有的把质量当作生命，实际上是境界之争。

第四，制胜的最大保障是人，在于善用人，而用人的基础是"居下"。在态度上善居人下，待人谦虚、尊重，"居下"是人与人之间关系的最高法则，调动各方面的人力因素参与竞争是制胜的根本保障。

老子关于竞争的理论是"不争","不争"的原因就在于人力资源的调配和使用,也就是"用人之力",这是符合"天道"法则的,所以老子说"是谓配天,古之极也"。

"不争"的理论来源也是"有"和"无"的两元认识理论。"无"生"有"。"无",在人表现为内在思想。内在思想处虚,居下,趋静,有利于人的本体发挥"有"的作用,表现为收获实际利益,受到人们尊重。内在思想"为虚、为下、为静",外化在具体行为上就是"不争",所以"居下"是不争之德。

处虚,是指有容纳的空间,而不是空无一物,人的思想境界之"虚",指人具备接纳外部不同思想的能力,所以思想会更加充实和丰富。

居下,只有居下才可以承上,充实有质量才会表现为居下,空洞的才会漂浮,所以,"居下者"思想内涵更充实、有质量。

静,是生命萌发的前兆,是新一轮生命和发展的归宿。

第六十九章

对抗相持的精神胜利法

用兵有言："吾不敢为主而为客，不敢进寸而退尺。"是谓行无行，攘无臂，扔无敌，执无兵。祸莫大于轻敌，轻敌几丧吾宝。故抗兵相若，哀者胜矣。

导读：
竞争对抗中，不战而胜是最理想的状态，然而直接的冲突也难以避免。在对抗相持的关系状态下，必动武、必战也必须胜，否则死路一条。

解读：
在不可避免的对抗、战争、冲突发生时，老子指出：抗兵相若，哀者胜矣，对抗相持制胜的关键要件就是"哀"，是指调动人的内心极限力量的状态点。

"哀"，不顺则哀，思想则表现为"重"，精力凝聚，人心凝聚，把全部生命力的元气凝于一点，或保全生命或给予敌人致命反击。在自然现象中，我们经常发现处于困境中的生物，或把生命力聚于一点，等待生机来临，如严冬之前植物的生命要么化作种子，要么把元气归于根部；更有动物在困境中全力反击，所以有困兽之斗和狗急跳墙。其原因皆来自于困境之"哀"。

所以，在困境来临之时，关键在于保存或激活自我生命力。适合存则存，适合搏则搏一搏。

"轻"是对抗中最大的隐患。轻者浮，浮者上，居上则容易获罪和生祸。轻，在物是因为空，在人则是内在思想空白、无质量。人的思想中没有容纳新事物的空间或被没有内涵的东西充满，对外没有接纳的空间，也就没有收获、收藏的余地。内涵空洞，没有质量，则浮于上，浮多无根，无根则易动，表现为多躁、躁动，其结果是在生命未萌发之前就消耗大量的精力、元气，甚至耗尽，缺乏萌发的后劲和底气，空耗了自我的生命力。

所以用兵莫大于轻敌，为人莫过于行为轻浮。内心空洞的人在现实生活中必定是无聊的。

第七十章

行道者贵

吾言甚易知，甚易行。天下莫能知，莫能行。言有宗，事有君。夫唯无知，是以不我知。知我者希，则我者贵。是以圣人被褐而怀玉。

导读：
"道"是认识方法的方法，对指导人们构建自我完整的认知体系具有重要意义，内容广泛，看似深奥实则简单，用之受益无穷，然而知"道"者少，行"道"者更少。

解读：
至六十九章，老子基本讲完了道的原理和在现实中人际关系的实际应用规程，既从理论上又从实践上教给人们遵从"道"的知识，建立了一个完整的"道"的理论体系。这个理论体系实际的核心内容非常简单，其实就是基于对"有"和"无"的正确认识。所以老子说"吾言甚易知，甚易行"，明白了"无"和"有"两个字，也就明白了"道"，以道做人则成人，做事则事成，争则必胜。

"有"的作用完全取决于"无"的内涵。"无为""无争""无言"的原理和行为准则都源于"无、有"在事物发展过程中的作用。正确理解"有"和"无"的内涵，就可以全面掌握和灵活运用"道"之理。

"天下莫能知莫能行"，原因在于人们对"有"和"无"的认识不清楚，理解不透彻。人们往往把事物本体发展过程中的副产品当作人生追求的根本，忽略了"有"也就是本体、母体的价值，甚至伤害母体的存在基础。人的生命是最宝贵的，生命存在的过程创造出了丰富多彩的副产品——名利、财富。生命存在的价值和名利、财富哪个重要呢？任何人都会说生命最重要，所以老子说天下都知道这个理，可是在现实中人们往往把名利和财富看得比生命更重要。

"道"就是"有"和"无"这两方面的事。

第七十一章

自知之明

知不知，尚；不知知，病。圣人不病，以其病病，是以不病。夫惟病病，是以不病。

导读：
不自知何以自胜，不自胜何以胜人？

解读：
人要有自知之明。

其一，在于"知不知"，知道自己还有不知道的领域和缺点，知道自我还存在一定的"空白"，其实是处"虚"在求知方面的一种表现，处虚则为"尚"，上也。

其二，在于忌"不知知"，避免不知道当作知道，是思想上自我拒绝新知识、新思想的一种表现，所以是"病"。

其实知不知与不知知的实质是对外部事物的认识心态，是"虚"还是"实"的问题，知不足则处"虚"，自以为知则"实"，认为认识了事物的全部，阻碍了对事物本质的进一步认识，用于学习则是学业进阶上的结束，用于竞争则是对对手了解不全面、不深入，必败无疑。

天下万物有万般规律，人不可能全面把握，人只要能知道这一点就够了。因为做一个全能型人才太难了，是不可能的。所以圣人善于把自己未知领域作为不足，注重弥补，严加预防，才能免于祸患。

第七十二章

自爱之贵

民不畏威,则大威至。无狎其所居,无厌其所生。夫惟不厌,是以不厌。是以圣人自知不自见;自爱不自贵。故去彼取此。

导读:

自爱者爱人,爱人者人皆爱之。在一个团体内部,以爱人之心建设和带领团队,则是一个具有凝聚力和战斗力的坚强团队。从这一层面上来说,胜是团队之胜,团队之胜在于管理者的自爱。

解读:

团队管理是团队战斗力的关键所在,然而在管理中,经常出现一种过度管理的问题。过度管理问题实质是对被管理者不信任和不关心,是管理者不以关系为核心而是以管理效益为核心的表现。

其一,管理中存在过度管理的问题。"无狎其所居,无厌其所生",管理过度在古代专制时期表现为对百姓的过度压榨和无度索取,表现为老百姓不能安居乐业,食不饱腹,不能维持正常生活。

其二,被管理者的承受底线。"无狎其所居,无厌其所生","居"和"生"是老子时期百姓的底线。历史证明,中国老百姓的忍耐程度非常高,只求有所居、有所衣、有所食而已,居、衣、食是百姓的底线,三者皆失,则"民不畏威"。所以现代经济组织的管理中,也要避免过度管理的问题,在企业管理和行政管理中,也要找出被管理者承受的底线,不能突破。现代社会管理和企业管理中,极端管理行为主要表现为强化对人、财、物的制度管理,用时间、程序、手续、规则加大对人、财、物流动的限制。

其三，被管理者对过度管理的反作用力。"民不畏威，则大威至"，统治阶级对百姓压榨和索取达到一定的"度"，越过了"居"和"食"的极限状态，则是统治者危险来临之时。

老子在第二十四章讲了极端的四种表现，自见者不明，自是者不彰，自伐者无功，自矜者不长。这四个方面在实际工作生活中的极端行为态度，是必须防止和忌讳的。在管理上，过度管理对被管理者来说是最大的人祸。

UNIT NINTE
疑难问题与发展的归宿

　　道无涯，而人的认知能力是有限度的，所以我们对现实社会中的很多问题还是不知和迷茫的，社会生产和生活中的很多"道"还需要人们进一步发现和总结。为了帮助人们正确地认识和处理常见的疑难问题，老子将超出人们认知范围和影响人们认知事物本质的关键问题进行了汇总，集中提出了认识和解决的思路、办法。

第七十三章

如何处理超出人们认识范围的问题

勇于敢则杀,勇于不敢则活。此两者,或利或害。天之所恶,孰知其故?是以圣人犹难之。天之道,不争而善胜,不言而善应,不召而自来,繟然而善谋。天网恢恢,疏而不失。

导读:

人的社会实践是有限的,对规律的认识也是有限的。在现实中,有些问题没有现成的规律可遵循,难以判断其发展的趋势和对个人的利害关系,这种情况该怎么办?

解读:

对于规律不明、是非难断的问题,老子指出"天网恢恢,疏而不失",一切自有天道。

老子在此列举了一个很现实的例子:"勇",有时是有利于人的,有时是有害于人的,发展、变化的方向因时、因地、因人而不同,难以给予唯一的答案,难到圣人也难以分清楚的程度了。

对于此类问题,老子的建议是顺其自然而为之,因为"天之道,不争而善胜,不言而善应,不召而自来,繟然而善谋",人算不如天算,事物的发展走向和结果不是以人的意志为转移的,虽然人们一时不能总结和发现其内在规律,但其发展总是有一个不变的内在规律支配,决定了事物发展的趋向和结果。所以,有的时候,在实践中不要过多地纠结在利害关系的分析上,分不清就不要耗费在无谓的讨论上。搁置争论,让时间去解决,所有的困难和问题都会随着时间的推移,在历史长河中显现其本来的面目,得以在以后的实践中验证。

天网恢恢，天网之大，所有利害都在天道之中，只要遵从无为、不争的道理就行了，是非、利害自有天道定论。

受人的认识能力和水平制约，有时也难以判定事物发展的利与害，这是老子指出人在认识过程中经常遇到的一个难题。对此，老子以肯定的态度说：人在做，天在看。

遇到"天"那么大的问题可以用时间来解决。而遇到人那么"大"的问题，就简单多了，方法都在"道"中。

第七十四章

事物发展变化中出现变异和管理空白的处置

民不畏死,奈何以死惧之?若使民常畏死,而为奇者,吾得执而杀之,孰敢?常有司杀者杀。夫代司杀者杀,是谓代大匠斲(zhuó)。

夫代大匠斲者,希有不伤其手矣。

导读:

事物发展从来不是一帆风顺的,受外部刺激和个体内部等不定因素影响,一些个体会产生变异,偏离本来发展轨道。在人与人之间的各类关系中,随着社会的发展变化,新事物、新关系层出不穷,往往会超出人们的认识范围,超出了以往管理规则的约束范畴。这些都有可能成为干扰社会正常发展秩序的不确定因素。

解读:

老子列举了两类事物发展变化中容易出现的问题:

其一,事物发生变异。我们知道,自然界生物的发展是进化和变异的结果。人类社会的发展过程中,自觉接受和承认现有社会关系约束的是正常的普通人,然而社会上偏偏就有一些人,天生就是不走寻常路的另类。一类是被管理层面的,"民不畏死,奈何以死惧之",好像生下来就是为了死一样,如同一种无形的力量让他感到只有这样死才有价值;还有一类是管理层面的,不把管理对象逼到死路不算完的管理者。这两类都如同基因突变一样产生的变种,脱离正常人的发展轨道,走向了另一条"道",不再适用原来的规律,对这样变种了的货色,又该如何处理呢?

其二,事物关系约束必须遵循规律和规则——"常有司杀者杀"。老子指出,事物和人无论如何变化,都必须遵循一定的规律和规则。老子举了一个例子:"为奇者,吾得执而杀之,孰敢?"出现了异类,出现了不同于大众思想和认识的异类时,不是随便由任何人一杀就能了之的。不是任何人都有权处理的,必须"常有司杀者杀",也就是交由具有管理职责的部门和人来处置。我们也可以从对新事物的态度上来认识老子本章节的思想:不要随意打击新事物,新事物的生与死自有其规律,损害他人和事物发展规律的必然会受到"有司"的惩罚,反之,遵循"道"的发展规律的也有其发展的自由。

"常有司杀者",从管理的角度来理解,体现了老子在社会管理上的一个理念:各司其职,各负其责。每个人做好自己的本分工作,尽到自己的职责,就够了。从中我们可以得到一个重要的提示:要注意防范管理空白,明确职责,确定规则,防止新事物、新关系肆意发展。

违背天道,做了不该自己做的事,自有天道去惩罚,"夫代大匠斫者,希有不伤其手矣"。这个道理非常有现实意义,现实生活中的很多冲突和危机,小到家庭,大到单位,以及官与民,国与国,等等,所有两两之间的冲突几乎都源于"代大匠斫",做了不该由他做的事。操心操过了头,受伤的总是你。

第七十五章

忌损人利己

民之饥，以其上食税之多，是以饥。民之难治，以其上之有为，是以难治。民之轻死，以其上求生之厚，是以轻死。夫唯无以生为者，是贤于贵生。

导读：
社会关系最重要的媒介是利益中的物质，所以影响社会关系的主要因素是物质交换、交流中没有遵循虚实交换的法则，不是双赢，而是损人利己。其实现实中最可恶的还有一种行为是损人不利己。

解读：
最隐蔽的损人利己行为往往发生在管理关系中，以管理权和管理规则谋取利益，发展到一定程度，则会导致管理阶层和被管理层发生矛盾和冲突，上升到国家统治层面时，则表现为百姓与统治阶层的对抗，这是影响社会稳定的主要因素，这是难以保障和维护正常管理秩序的根源。普通关系中如果存在损人利己行为则表现为双方的直接冲突，社会影响面小。

老子列举了当时社会管理中老百姓不服从统治的三大主要原因：

一是民之饥，在于统治者税高；二是民之难治，在于统治者事多，好折腾；三是民之轻死，在于统治者厚生。其原因就在于统治阶层损人利己的贪欲。

老百姓难以管理的根本问题是吃的问题，实质是生存问题。从世界历史中我们可以看到，历史中记载最多的、最重要的大事多是战争、起义、暴动、侵略和抗争。农民起义的原因常常是天灾或人祸。人祸是统治阶级的贪婪、过度的税赋，无度地掠取百姓的财物，到了民不聊生的程度。如果人祸再遇上天灾，水、旱、虫三灾，粮食绝收，百姓为了求生而不惜冒死。饥饿是古代老百姓生活史的主题词,战争、暴乱是历史上常有的。中国的节日是以吃文化为主的节日,也印证了饥饿曾经是中国历史上最大的问题。

从管理的角度来看,管理者要注意维护被管理者的合法、正常权益,这是维护正常管理秩序和关系的基础。从统治角度来看,就是协调处理好不同利益群体间的利益关系。

第七十六章

正确认识强弱的本质

人之生也柔弱，其死也坚强。草木之生也柔脆，其死也枯槁。故坚强者死之徒，柔弱者生之徒。是以兵强则灭，木强则折。

强大处下，柔弱处上。

导读：

生存是自我的生存，发展是共同的发展，竞争是敌我的竞争。这些基本关系的基础是生存，是生命力的竞争。所以，正确认识生命力的本质关系到能否正确处理个体与其他事物的关系。

解读：

本章节，老子对生命和死亡的表象、状态进行了生动形象的描述。

生的表象为柔弱，死的表象为坚强。老子对人的生死和草木枯荣前后状态进行了对比，说明事物本体从柔弱到坚强的变化是由生到死的过程，柔弱是生命处于发展过程的表现，是生；坚强是生命消失的表现，是本体毁灭之前的象征，是死。坚强，只是本体到达生命极限状态的表象而已，是死亡的前兆。

柔弱胜刚强，其胜在于生命力。老子通过草木枯荣的本质，提示人们要真正认识生命力的本质。强与弱的区别在于生命力，不在于外表的强大和强硬。从管理学的角度来理解，一个组织单位的强弱也在于其生命力。所以，现代企业管理中企业核心竞争力就是企业生命力的问题，是企业是否具备发展能力的问题。同样，个人的生命力，不仅是身体的强健，还在于思想上对外部事物和知识的接受和容纳程度，是学习和接受能力。

在第三十六章老子提出了"柔弱胜刚强"，本节是对这一论断在原理上的解读。

第七十七章

"天道"与"人道"的区别

天之道,其犹张弓与?高者抑之,下者举之;有余者损之,不足者补之。天之道,损有余而补不足。人之道,则不然,损不足以奉有余。孰能有余以奉天下?唯有道者。

是以圣人为而不恃,功成而不处,其不欲见贤。

导读:

指导社会管理的思想理论分为两个学派:一个是以研究"人"为中心的"人道"派,以儒家为代表;另一个是以"自然"为中心的老子的"道"派,因为老子之道认为人法地、地法天、天法道,道法自然,所以老子之道自称"天道"。

《老子》本章节的主要目的在于告诉人们老子之"天道"与其他以"人"为中心的"人道"的区别,主要表现为"利、害"的导向结果不同。

解读:

老子之道对利、害的导向是"损有余而补不足",可以理解为公平、公正、平衡,防止发展出现极端现象。我们从第二章"有无相生,难易相成,长短相较,高下相倾,音声相和,前后相随。恒也",认识到事物不断向两极变化的规律是永恒的,老子的"天之道"有损有余而补不足的原理,支配着事物的发展变化,所以事物总是在两个极端状态之间寻找平衡,在寻找平衡中生存发展,其核心在于老子之道是遵从事物发展规律的正道。国外的一句名言,"当上帝关了这扇门,一定会为你打开一扇窗",也包含类似的哲理。区别在于老子说得过于直白,没有外国人说得那么有诗意。

"人之道"是损不足而奉有余。老子认为,其他以"人"为研究中心的理论存在"损不足而奉有余"的作用，以其理论指导社会管理则会出现财富向富者集中、社会向两极分化的现象。这些"人道"理论的本质是以"利益"的分配为核心，其分配规则掌握在"人"的手中，其理论基点必然导致"损不足而奉有余"的结果。所以，我们现实世界穷者愈穷、富者愈富的两极分化，在一定意义上来说是"人之道"的表现。

"孰能有余以奉天下？唯有道者"，社会是发展的，历史发展到一定的阶段，指导社会发展的评价体系很有向"天之道"调整转变的必要。

第七十八章

本质与表象的关系

天下莫柔弱于水,而攻坚强者莫之能胜,以其无以易之。弱之胜强,柔之胜刚;天下莫不知,莫能行。是以圣人云:"受国之垢,是谓社稷主;受国不祥,是为天下王。"正言若反。

导读:

真实与表象往往是不一致的,这是事物变化的"静"和回归"复命"的规律作用的结果。安静的种子内含旺盛的生命力,最具活力,而茂盛的枝株可能是生命耗尽的前奏。所以,要从真实与表象相反的表现中发现应对变化之道。

解读:

老子仍然以"水"为例,解读"弱之胜强,柔之胜刚"和"道"的真实与表象关系。

老子多次强调一个组织的发展关键是其领导者,所以在此,通过真实与表象关系的理论提出领导者应当具备的标准:"受国之垢,是谓社稷主;受国不祥,是为天下王。"用现代的话来说就是有担当。

"正言若反"在现实中的表现具有戏剧性。比方两个发生帮助关系的人中,常用的对答是"谢谢你"与"不用谢"。对于有的人来说,面上说不用谢,其实内心还是满适应的。如果回答"你确实该谢谢我",两人的关系可能就会发生变化了。另外,欲拒还迎、半推半就,就是这个道理在现实关系中的表现。

也正是因为内外的相反特性,人们对"弱之胜强,柔之胜刚"的道理也是反其道而行,知道其原因是其内在之真,但是现实中却难以做到是其外在之表,这也是内在与外表相反的例子。所以,难以做到知与行的统一,也是有道理的。

做到知行统一、内外一致是需要修行的。

第七十九章

人际关系恶化的处理

和大怨,必有余怨,报怨以德,安可以为善?是以圣人执左契,而不责于人。有德司契,无德司彻。天道无亲,常与善人。

导读:
人际关系是"道"协调的主要内容,和谐是人际关系的理想状态,关系一旦恶化之后又该如何对待呢?

解读:
人际关系恶化之后的化解是很难的。老子说"和大怨,必有余怨,抱怨以德,安可以为善?"

怨、恨、仇,是人们之间关系恶化的表现。由怨生恨,因恨成仇。如何化解怨、恨、仇呢?其实怨、恨、仇一旦生成,就难以化解,没有好的解决办法。以德报怨,以怨报怨都不会有好的结果。

怨大成恨,恨大成仇,是人类情感关系的恶性变化。我们知道"信"是人与人之间交往的基础,以个人之"德"为前提。双方关系由"信"到"怨"的变化是"道"消失的特征,说明双方行为举止已经不符合"道"的要求了。所以"怨"的状态已经不是"道"和"德"能够调节和化解的问题了。

"是以圣人执左契,而不责于人。有德司契,无德司彻",老子虽然没有给出好的解决办法,但是以具体的实例给人们一个启示:契约只是约定,只是利益的证明,而不是维护关系的要件,真正执行契约之时,也就是双方关系破裂之期。

"天道无亲,常与善人",天道无亲,不分亲疏利害,一视同仁。

第八十章

老子的理想国

小国寡民。使有什佰之器而不用；使民重死而不远徙。虽有舟舆，无所乘之；虽有甲兵，无所陈之。使民复结绳而用之。甘其食，美其服，安其居，乐其俗。邻国相望，鸡犬之声相闻，民至老死不相往来。

这是老子心目中理想的小康社会。

老子基于和谐理念以及社会发展需要保持安定状态的愿望，描绘出来一个小康社会模型，读到此处，眼前呈现出一幅好美的生活画卷。时代的不同，人们对社会发展理想状态的描述也不同，这是老子时代的理想国。

第八十一章

从利益观的角度对"道"的总结

信言不美,美言不信。善者不辩,辩者不善。知者不博,博者不知。圣人不积,既以为人,己愈有;既以与人,己愈多。

天之道,利而不害;圣人之道,为而不争。

导读:
在前面各章节,老子主要从"道"的角度分析价值的作用,主要从是否符合规律看事物发展。然而现实中更多的人从"人"的角度看问题,从是否具有物质利益看事物的价值,所以本章节老子采用了"人之道"的利益观来分析自己的"道",以期更多的人来理解、认同、遵从自己的道。

解读:
本章节老子主要从利益观角度纠正人们对社会主要活动的认识。

第一,人们在判定事物上的误区。从第二章节,我们就知道,美、善、智是传统利益观的认识和对事物进行定性的标准。老子给出了一个简便的认定标准,可以帮助人们确定真正的美、善和知:"信言不美,美言不信。善者不辩,辩者不善。知者不博,博者不知。"这一方法也完全符合"道"关于事物的实质与表象相反的特征。

第二,端正对利益实质的认识。既然人们那么看重"利益",老子指出:"圣人不积,既以为人,己愈有;既以与人,己愈多。"真正的利益是交换的结果。人们都期望自己对物质利益占有达到"愈有、愈多"的程度,"有"指对物质财富占有的状态,"多"指物质财富的数量。

老子指出,有,是"既以为人"的结果,"为人"也就是帮助、支持、成就他人之意，只有成就他人的人才能有更多的占有财富的机会，给人的机会越多，自己的机会也就越多。"多"是"既以与人"的表现，"与"指给予、交往，侧重交往，指财富占有的数量是人与人之间交往的结果，人与人之间的关系就是交往，在交往中实现交换、交流，交换、交流的程度和频率决定了财富的数量。

　　在此老子并非单指物质财富，同样，精神财富也是交流和交换的结果，人与人之间交流越多、交换越频繁，财富才会越来越多。现代商业理论早已证明了这一点。

　　第三，对"道"进行最后点评和总结。人、地、天、道为天下四大，道法自然，从自然总结而来的规律是适于天、地、人的，这个规律的基本要点就是"万物作焉而不辞。生而不有，为而不恃，功成而弗居"。"为而不恃"是利而无害的，"功成而弗居"是为而不争的。所以老子对应第二章节提出的论点，再次做出了"天之道，利而不害；圣人之道，为而不争"的结论。

POSTSCRIPT
后记

　　近几年来，有一个比较时髦的词汇——学习。学习已经成为全社会的共同认识。小孩子的学习很重要，学习的内容也很明确，在此不必多加解释。步入社会实践生活的成年人也需要学习，可是学什么？怎么学？未必人人都有清楚和明确的答案。这是一个涉及学习的目的、方式和内容的问题。

　　学习的目的不外乎三种：一是求生型学习。学习基本的生存技能和技术。现在学校教育的主要内容都集中在基础教育和技能教育上，是生存的基础知识教育。小学到高中阶段侧重于基础知识教育，大中专和职业学校在技能教育上稍有偏重，职业教育和再就业培训主要针对一项专业技能，以取得社会认可的证书为标志，这些基本属于求生型学习活动。二是求胜型学习。学习更加有针对性，集中在某一个专业领域上。例如，公务员和事业人员考前培训就是典型的求胜型学习，以期在激烈的竞争中脱颖而出。三是求福型学习。主要指以修身养性为目的的学习，现在比较时髦的禅修班和心态养成课程都属于这一类，以期通过学习解除自己生活和工作中的烦恼，提高自我修养，这是一种价值观再造和明确自我信仰的过程。求生型和求胜型学习有时相互交融，难以区分，内容相对复杂的学习活动多是综合型的。求福型学习相对单一，很多人在这一方面的学习过程中带上了浓浓的宗教色彩，走向参禅问道的道路。

　　学习的方式通常有两种：一是强制学习，学校进行的有组织学习活动，有一定的强制约束学习机制。二是业余学习，以个人兴趣爱好和生存需要进行的学习活动。这类学习体现了无组织性、间断性和自由性的特点，正是这类业余学习活动造成了人与人之间的差异和差距。

人的成长进步主要有两个时期：一是知识引导期。大多数人自6岁起就开始了长达12～16年的强制学习阶段，这一阶段的成长以知识为主导，个人各方面专业知识的学习吸收程度决定了个人的进步，通常以学习成绩决定优劣。当离开学校之后，大多数人都掌握了一定的生存技能、生活知识，都会或多或少地建立自我的思维方式和认识事物的方法。二是经验主导期。到了30岁以后，人的思想进入稳定期，个性基本固定，大多数人基本上不再进行专门的学习活动，进入了个人经验主导人生的时期。在这一时期，各方面的学习活动对个人的改变效果不会很明显，提升的自我感觉也不明显。经常有人参照学校教育的方式参加成人教育或专业的职业技能培训，也有人参加单位或个人组织的短期培训活动，虽然很多的人想学习，可是不知道学什么，更不知道怎么学。

30岁以后的人缺少的主要不是知识，而是缺乏对自己已经掌握的知识和人生经验进行分类归纳的方法，缺乏将人生经历总结成为经验并提升为理论的意识。这就是《老子》思想所要解决的主要问题，《老子》教给人们的是正确认识人和事物的方法，是一个全面认知、分析和评价的知识体系。

参加了工作的人都知道，学生时代的很多知识在工作中的实际应用程度不高，大多数技能是通过工作中的学习和实践获得的，更多的知识是在实践中不断总结和超越自我而来。在就业之前，学生以成绩论高低，毕业之后，以工作和收入分上下，这是大多数人现实的体会。同样条件、同样专业的两个学生在就业之后会很快产生差距。产生差距的主要原因在于工作以后学习的目的、方式和内容不同，是知识体系和认知思维的差异。比如在同一条道路上，乘坐不同的交通工具会有不同的感受，旅途的进度和体验效果也不会相同。

人的所有学习活动都是为了全面认识事物，不断提高把握事物向有利于自己的方向发展的能力，这个过程是一个认知的过程，也是一个评价的过程，是建立一个属于自己的知识体系的过程。三十而立，30岁以后，人的学习不仅是学习知识的过程，更是建立和完善知识体系的过程，一个没有自我知识体系的人是很难成为行业精英的。当一个人建立的知识体系足够专业时，就能成为行业的大师；当既有专业性又有专有性的时候，就能成为行业的导师；当知识体系涉及面非常广泛，人生、社会、生活无所不包时，就达到了"明白四达"的境界，也就没有了痛苦，没有了疑惑，最大的痛苦就是没有痛苦。这种境界能达到吗？读完了《老子》之后，大家的心中可能会找到这个答案。一个把工作、生活同个人知识体系建设相结合的人生肯定会有不同于常人的风采。

作　者
2015年6月28日